国家自然科学基金青年科学基金项目（71904035）资助出版

税收制度推动下我国“双创型”职业教育模式研究

王国鹏 著

中国财经出版传媒集团
中国财政经济出版社

图书在版编目（CIP）数据

税收制度推动下我国“双创型”职业教育模式研究 / 王国鹏著. --北京：中国财政经济出版社，2023.2

ISBN 978-7-5223-1596-6

Ⅰ.①税…　Ⅱ.①王…　Ⅲ.①职业教育-教育模式-研究-中国　Ⅳ.①G719.2

中国版本图书馆 CIP 数据核字（2022）第 134145 号

责任编辑：陈志伟　　责任印制：史大鹏
封面设计：卜建辰　　责任校对：张　凡

税收制度推动下我国“双创型”职业教育模式研究
SHUISHOU ZHIDU TUIDONGXIA WOGUO “SHUANGCHUANGXING”
ZHIYE JIAOYU MOSHI YANJIU

中国财政经济出版社 出版

URL：http：//www.cfeph.cn

E-mail：cfeph@cfeph.cn

社址：北京市海淀区阜成路甲 28 号　邮政编码：100142

营销中心电话：010-88191522

天猫网店：中国财政经济出版社旗舰店

网址：https：//zgczjjcbs.tmall.com

北京财经印刷厂印刷　　各地新华书店经销

成品尺寸：170mm×240mm　16 开　11 印张　141 000 字

2023 年 2 月第 1 版　2023 年 2 月北京第 1 次印刷

定价：58.00 元

ISBN 978-7-5223-1596-6

（图书出现印装问题，本社负责调换，电话：010-88190548）

本社质量投诉电话：010-88190744

打击盗版举报热线：010-88191661　QQ：2242791300

序

Preface

2022 年 5 月 1 日，新修订的《中华人民共和国职业教育法》开始实施，我国首次从立法的角度明确了职业教育是国民教育体系和人力资源开发的重要组成部分，与普通教育是不同教育类型，具有同等重要地位。同时也完善了新时期职业教育的内涵和外延，即职业教育是指为了使受教育者具备从事某种职业或者职业发展所需要的职业道德、专业知识、技术技能和能力素质而实施的教育活动，包括各级各类职业学校教育和各种形式的职业培训，这表明了职业教育不单单是传统意义上的中高职的学历教育。新时期职业教育的内涵更加丰富、人才培养更加全面，社会贡献力将持续增强，新法的修订和出台对明确新时期职业教育的性质、功能、类型以及发展方向有着重大意义，为职业教育高质量发展和大国工匠的人才自主培养提供了坚实的法律保障。

习近平总书记多次指出，“创新是第一动力，人才是第一资源”。新发展阶段，创新创业教育作为推动职业教育高质量发展的重要抓手和根本动力，是学校培养拔尖高技能创新人才，落实创新驱动发展战略的重要举措。从现状来看，我国职业教育经费主要来源于财政资金、社会资本和社会捐赠等渠道，不同省份学校的创新创业教育经费占总教育经费的比例各有不同，不同地方的税收减免力度、工商注册制度等政策对创新创业的开展也有非常大的影响。创新创业本身就是一个完整的生态“系统”，职业教育的发展不能脱离社会进步的实际需求，因此，把职教领域的创新创业作为影响经济社会高质量发展的重要因素之一，并对此加以研究有着重要的意义。本研究以“双创型”职业教育为研究对象，在当前职教领域创新创业发展的基础上，通过探析在国家新政策以及不同地方税收制度体系的影响下，如何有效推动我国“双创型”职业教育的发展，以期从另一种角度探索出我国“双创型”职业教育的发展模式和升级路径。此外，本书研究另外一个重点是具有准公共产品属性的“双创型”职业教育的税收制度，以及如何运用新的税收政策，鼓励社会资本、社会捐赠等多渠道资金流向职业教育领域并促进创新创业。通过对教育产品的严格区分，将准公共产品属性的“双创型”职业教育的国外成熟税收政策经验进行总结，以税收经济效应的根本为出发点，通过税收政策大力发展职业教育，促进创新创业能力提升，进而实现技能强国、人才强国战略。

由于作者学识和研究能力所限，本书可能还存在一些研究粗浅和不完善的地方。感谢中国人民大学财政金融学院的王春对研究内容的修订和润色，她对我国财政政策、税收制度的精准把握和深刻解读，以及对大量数据的分析和运用让本研究更加深入和生动。我相信，创新创业教育对职业教育的推动和促进，不仅会在“十四五”期间大有可为，在更远的未来，创新创业教育也会助力职业教育大有作为。

2022年12月于北京

目录

Contents

第1章 导 论

1.1 研究背景和意义

随着经济全球化的大趋势，国际竞争日趋激烈，中国经济也由高速增长转变为高质量增长，对高素质技能型人才的需求日益增大。2010年5月，教育部发布《关于大力推进高等学校创新创业教育和大学生自主创业工作的意见》，要求各地大力推进创新创业教育，融入人才培养全过程。国务院在《国家中长期教育改革和和发展规划纲要》中提出，到2020年基本形成学习型社会。党的十九大报告中强调，必须把教育事业放在优先位置，办好学前教育、特殊教育和网络教育，普及高中阶段教育；完善职业教育和培训体系，深化产教融合、校企合作；实现高等教育内涵式发展；支持和规范社会力量兴办教育；办好继续教育，加快建设学习型社会。《国家教育事业发展“十三五”规划》指出，职业学校每年要输送近1 000万名技术技能人才，开展培训上亿人次。相关规划、意见和纲要的出台，标志着我国职业教育事业进入提高质量、优化结构、促进公平的新阶段。2019年2月13日，国务院发布的《国家职业教育改革实施方案》，从7个方面提出了20条措施，把职业教育摆在教育改革创新和经济社会发展中更加突出的位置，完善职业教育和培训体系，着力培养高素质劳动者和技术技能人才，要求职业教育经过5—10年基本完成由政府举办为主向政府统筹管理、社会多元办学的格局转变，大幅提升新时代职业教育现代化水平，为经济社会发展和提高国家竞争力提供优质人才资源支撑。2021年，中共中央办公厅、国务院印发了《关于推动现代职业教育高质量发展的意见》，明确了职业教育是国民教育体系和人力资源开发的重要组成部分，肩负着培养多样化人才、传承技术技能、促进就业创业的重要职责。在全面建设社会主义现代化国家新征程中，职业教育前途广阔、大有可为。

2022年5月1日新修订的《中华人民共和国职业教育法》开始实施，我国首次从立法的角度明确了“职业教育是国民教育体系和人力资源开发的重要组成部分，与普通教育是不同教育类型，具有同等重要地位”。

随着我国进入新的发展阶段，产业升级和经济结构调整不断加快，各行各业技术技能人才需求紧迫，职业教育重要地位日益凸显。但是与发达国家相比，我国职业教育体系建设尚不完善，职业技能实训基地建设有待加强，制度标准不够健全，企业参与办学的动力不足，有利于技术技能人才成长的配套政策有待完善等。党的十八大以来国家对新时期我国职业教育发展做出了新判断，明确了新目标，制定了新政策，提出了新任务。新形势下，为进一步增强职业教育适应性，全面落实党中央及全国职业教育大会相关精神，加快构建中国式的现代化职业教育体系，建设技能型社会，培养更多高素质技术技能人才，为全面建设社会主义现代化国家提供有力人才和技能支撑。本书以“双创型”职业教育为研究对象，探讨税收制度推动“双创型”职业教育的升级路径，以期从另外一种角度探索出我国“双创型”职业教育的研究模式，推动现代职业教育高质量发展。

西方国家税制体系多以所得税为主，并以直接税为地方税主体税种。在税制结构设计中，将民生因素首先考虑在社会福利体系内，同时以对所得税和地方财产税为基础，构建教育税收体系，在所得税中主要考虑对教育部分实施税前抵扣和税收抵免等税收优惠政策，导向性强。教育资源分配不均，以地方财产税为主体税的地方政府，在供给教育经费资金来源的方面通常设置地方财产税为教育主体经费来源。所以，美国、加拿大、欧洲各国对教育的税收政策研究更多的是集中在所得税的税收优惠和地方财产税为主体的教育税构建与改善方面。

由于国外教育的发展历史阶段、教育经费供给模式、整体税制结构和地方税体系同我国有显著差异，所以直接借鉴国外教育税收制度及政策，对我国以增值税为主体税种且财产税不健全、地方税体系缺失的现状是不实际的。只有从中国实际情况出发，从理论和实践角度开展税收制度对教育的影响研究，才能促进“双创型”职业教育的发展。

教育具有公共产品属性，且“双创型”职业教育具有外部性和收益性。在我国，基础教育已纳入义务教育，其教育经费主要由公共财政承担，是纯公共产品。对纯公共产品，应着眼于如何实现公共服务均等化以及精准扶贫和支出结构合理化等财政支出问题。同时，我国财政收支两条线，教育经费支出与其对应的财政收入，并无一一对应关系，而教育费附加主要作为地方政府教育资金的重要补充，所以不将教育费附加作为重点研究对象。本项目将研究重点置于具有准公共产品属性的“双创型”职业教育的税收制度方面。“双创型”职业教育经费来源于财政资金、社会资本和社会捐赠等多种渠道。因此，应运用财税政策，鼓励社会资本、社会捐赠等多渠道资金流向教育领域。本书的学术价值在于通过对教育产品的严格区分，将准公共产品属性的“双创型”职业教育的国外成熟税收政策经验进行总结，以税收经济效应的根本为出发点，通过税收政策大力发展职业教育，以实现人才强国战略。

在实际应用价值方面，纵观现行关于“双创型”职业教育的税收政策，综合性考虑税收政策间的关系以及税收政策之间的衔接，为鼓励社会资本和社会捐赠积极流向三类教育，完善相关税收政策；可以有效指导和促进社会人员通过职业教育学习并传递创新创业知识，提高社会创新创业能力，推动我国学习型社会的建设；可以完善以创新创业为导向的科研指标体系，指导职业教育发展；从原始创新、技术创新、创新人才、创新创业的贡献程度等方面评价职业教育，利用税收制度推动职业教育发展。

1.2 “双创型”职业教育内涵界定

“双创”即创新创业，Schumpeter（1934）认为创新是创业努力的核心特征，一项行为只有伴随创新时才被认为是创业行为。Amabile（1996）和 Baumol（1993）也指出关于创业的定义通常伴随着创新，包括将知识重组付诸实践，将想法转化为有价值的产品、服务及组织模式。Eckhardt 和 Shane（2003）则认为技术变革是创新的基础，即创造新工艺、新产品、新市场和新的组织模式是创业的核心过程。

尽管在过去几十年里创业教育进行了多次试验发展，但关于如何培养学生为创新创业做准备的能力的研究仍然很少，且分散于以实践为导向的理论中。各种创业课程所考虑的主题和能力方面各不相同，缺乏理论基础。也有许多研究人员指出，狭隘的创业视角过分强调创业孤立的特征和技能，而没有将能力考虑在内。

国内学者关于创新创业教育的内涵界定如下：曹剑辉、周合兵和罗一帆（2010）提出，大学生创新创业教育的主要内容包括意识教育、知识和能力教育以及实践教育。李家华、卢旭东（2010）认为，创新创业教育的教育价值定位是我国创新创业教育发展进入新阶段的重要标志，创新创业教育本身的教育性质决定其价值的基础性和未来性。创新创业教育涉及的不仅是如何创办企业，更重要的是核心知识和能力，主要包括辨别生活中机遇的能力、通过产生新想法和组合必需资源来寻找机遇的能力、创业和管理新企业的能力、富有远见和具备批判思维的能力等。李世佼（2011）认为，从本质上说，创业教育就是培养学生创业意识、创业素质、创业技能的教育活动，即培养学生如何适应社会生存、提高能力及自我创业的方法和途径。在大学生中开展创业教育是大学生素质教育、创新教育的一部分，是适应知识经济发展、拓宽学生就业门路和构建国家创新体系的长远大计。马永斌和柏喆（2015）认为，创新创业教育要求更高，常被誉为双创教育，是为适应社会发展和国家的战略规划需要，以培养具有创业意识和开拓型人才为目标产生的教学理念和模式。双创教育的本质不仅在于解决就业问题，更重要的是培养学生的创业意识和实践能力，塑造创新型综合人才，同时教育的范围也不仅局限于在校的本科、硕士和博士，还特指已毕业的学生等。吴远征、李璐璐和董玉婷（2015）指出，创新创业机制包括创新创业教育、创新创业环境、自我效能、意愿和支持系统。赵军和杨克岩（2016）分析了在“互联网+”环境下大学生创新创业平台的建设，根据用户需求为大学生创新创业实践提供一站式的服务，服务内容包括从创新创业意识培养到创新创业成果转化的整个周期，既包括课程服务、项目服务等常规内容，又包括项目融资、项目产业化等创新内容。

“双创型”职业教育即创新创业的职业教育模式。创新即培养创新思维、创新理念、创新意识等，从思维模式、学生情感、学生人格等方面培养；创业教育是随着我国进入新的发展阶段，产业升级和经济结构调整不断加快的背景下从教育领域提出的概念，着重培养创业能力，培养创业意识、知识和能力，使得毕业生能够在不同的环境中开发和应用创业思维和技能，善于利用和整合现有资源，发现创业机会，为个人、企业乃至社会创造价值。职业教育作为教育体系的重要组成部分，包含职业学校教育和职业培训。职业教育在培养社会创业所需的知识和技能方面发挥着必不可少的作用，将创业想法付诸实践，必须将创新创业与教育相结合，将创新创业教育纳入学校课程体系，培养创新创业思维，获取创业技能，使得学生了解现实商业活动，从而促进创业。“双创型”职业教育不同于传统的教育模式，作为一种新型的教育模式，更加注重对学生的素质教育，从学生的上进心、创新精神、责任感、事业心出发，使学生能够有意识地进行自主创新、有意识地获取新知、有意识地采取新的方法，勇敢接受和面对创业的挑战，这样职业教育才能更加注重实际，真正实现学生的全面发展。

1.3 文献综述

1.3.1 关于职业教育的研究

1.3.1.1 职业教育与经济增长关系的研究

航永宝（2007）测算中国教育对经济增长贡献率，发现1993—2004年中国中职、高职、本科及以上教育对经济增长的贡献率为1.859%、4.038%、1.922%。王磊（2011）利用中国2004—2007年间31个省区市的面板数据检验证明职业教育发展可以促进经济增长，各地职业教育对经济增长的平均贡献率为0.23%。王叶军和周京奎（2019）基于城市面板数据，研究显示在全国层面，高等教育的经济促进作用体现在短期和长期，中等职业教育的经济促进作用体现在短期。东部和西部城市高等教育的经济促进效应在短期和长期均有体现，东北城市体现在短期，中部城市则不显著；中等职业教育的经济促进效应在不同地区主要体现在短期。祁占勇和王志远（2020）研究表明，经济发展与职业教育之间的关系是单向耦合的，即职业教育促进了经济发展。朱德全和杨磊

(2021)以柯布道格拉斯生产函数为基础测度职业教育对乡村振兴的贡献率，发现职业教育服务乡村振兴效果显著，贡献率高达16.19%。

1.3.1.2 职业教育与人口结构关系的研究

米红和马鹏媛（2009）研究人口自然结构和人口地域结构与职业教育的关系，得出教育的发展与人口自然结构变迁相互影响，教育的发展与人口地域结构变迁相互影响的结论。任艳红和王振龙（2011）研究发现，人口的数量和结构与教育发展的规模和结构息息相关，预计未来10年，由于人口规模、结构与流动性将导致城市教育资源相对紧缺，普通教育和职业教育由于人口的锐减与协调发展的矛盾更加突出，高等教育阶段学龄人口大幅度下降与保持规模注重高等教育质量的矛盾日益突出。唐超（2015）从人口总量变化趋势、人口年龄结构变化的趋势、城镇化进程带来的人口迁移三个方面分析其对职业教育生源的影响，为职业教育如何应对人口结构变化提出相应的策略建议。辜胜阻等（2017）认为职业教育对释放人力资本红利具有重大战略意义，要构建职业教育多元主体互动办学机制与多元化投入机制。和学新和武博（2018）认为人口变动对我国职业教育的发展产生了重要影响，主要表现在职业教育学校规模、专业结构、中等职业学校布局、中等职业教育与普通高中招生方面。张传娜和张晓晖（2021）基于对2020—2030年吉林省人口分布预测的分析，发现人口变动直接影响高等职业供给。

1.3.1.3 职业教育与产业结构关系的研究

石来斌和夏新燕（2016）研究发现，职业教育人力资本和产业结构优化升级之间存在非常显著的正相关关系。王伟和陈祥碧（2016）分别从教师角度和学生角度分析职业教育与产业结构调整的适应性，实证结果显示，当期我国职业教育与产业结构调整的适应性仍不足，部分专业的职业学校教师及其培养的学生，与行业产业的吻合度很低、偏离度很大。徐莉亚（2016）对产业结构与职业教育专业设置的关系进行了论证，分析现行职业教育专业设置存在结构性偏差、特色与潜力专业缺乏、“双师型”教师不足等问题。马建富等（2017）通过分析发现，职业教育专业与产业结构对接度逐渐提高，有助于提升职业教育服务经济社会需求端的能力。苏丽锋（2017）从职业教育地区分布、职业教育层次和职业教育专业结构与产业结构的关系进行分析，认为职业教育发展对产业结构升级具有支撑作用。闫妍和张学英（2018）通过对德国、美国及日本的职业教育发展和产业结构调整的匹配性关系进行经验分析，得出产业结构发展需要新型技术技能人才推动和支撑，同时产业结构调整也倒逼职业教育改革发展的结论。郝天聪和石伟平（2020）发现职业教育办学模式是职业教育与产业结构互动的产物，产业结构转型是推动职业教育办学模式改革的直接动力。刘晓和钱鉴楠（2020）基于“发展型式”理论，职业教育专业建设与产业发展匹配应以产业结构、市场需求、产业技术作为逻辑出发点，从产业目录、产业空间布局、劳动力类别需求、劳动力层次需求、劳动力技能需求五个方面形成对接。

1.3.1.4　职业教育与教育结构关系的研究

马燕（2014）提出要加强对发展本科层次职业教育的顶层设计，发展第四级教育，促进职业教育的纵向衔接以及与普通教育的横向沟通。高书国（2017）认为教育结构是教育体系的骨骼框架，新一轮高等教育结构调整源自于高等教育普及化、供给侧结构性改革和城市群建设。城市和城市群成为新一轮教育结构调整的主要战略空间，地方政府包括省级政府成为新一轮教育结构调整的主力军，跨区域合作、实现合作共赢是教育结构调整的突出特点。祁占勇、王佳昕和安莹莹（2018）分析了改革开放以来我国职业教育政策的发展历程，分为中等教育结构调整阶段、职业教育多样化探索阶段和建立现代职业教育体系阶段。陈友力（2018）运用历史制度主义分析范式审视改革开放四十年高等职业教育政策变迁，我国高等职业教育政策变迁经历了高等职业教育地位逐步确立、规模扩张、内涵发展、做优做强四个阶段。张明广和刘建同（2021）提出中国职业教育从“构建”到“完善”现代职业教育体系建设的新发展阶段，明确了由“数量”到“质量”增强职业教育适应性的新发展目标，形成了由“层次”到“类型”现代职业教育新发展格局，开启了“提质培优”“增值赋能”现代职业教育高质量发展新征程。

1.3.1.5　职业教育与教育投入关系的研究

李兴洲（2012）提出高等职业教育是一种高投入的高等教育，其良性发展需要更多的资金投入。我国高等职业教育还处在相对比较低的发展层次和水平上，这与我国高等职业教育的资金投入不足有较大的关系。冉云芳（2013）对2000—2010年我国中等职业教育生均经费投入现状进行分析，发现我国中职生均经费投入存在投入总量不足、东中西部、省域间投入差距巨大等问题。王辉晖和田雪莹（2017）对我国各地区高等职业教育经费投入现状进行分析，发现我国对高等职业教育的支持力度逐年增加，高等职业教育经费以每年约10%的速度增长，但是存在严重的地区差异。解福泉和刘向杰（2018）对高职教育经费投入的地区差异化进行比较，发现存在教育经费整体投入不足、地域投入不足等问题。苏荟和张继伟（2018）对西部地区中等职业教育经费投入对地方劳动生产率的影响进行了分析，研究表明，加大中等职业教育经费投入对劳动生产率具有显著的促进作用。高娟和马陆亭（2018）解析了OECD国家高职教育经费的来源结构，大致分为四类：以芬兰为代表的政府投入为主的模式；以澳大利亚为代表的政府投入为主、学习者为辅的模式；以德国为代表的政府和企业共同投入模式；以韩国为代表的学习者投入为主、政府为辅的模式。王亚男等（2020）发现与发达国家相比，我国职业教育经费投入还存在较大差距。

1.3.1.6 关于创新创业的税收政策研究

张苏和樊勇（2014）从累进税制对大学生创业意愿的影响、税收的心理预期效应和税收优惠政策对于大学生创业“团体志趣”的激励作用进行分析，认为累进税制与创业意愿没有直接关系，税收激励对大学生创业心理具有显著的激励效应，税收优惠政策大学生创业“团体志趣”具有显著的激励效应。李华琴和罗英（2015）分析基于现行创新制度的现状与问题，认为创新创业体制机制对创新制度完善影响最大。张克中和陶东杰（2015）探析我国促进创业政策存在系统性和权威性不足、对大众创业的税收优惠政策略显缺乏、对创业人才的激励机制不够、对中小创业型企业的扶持有待进一步加强等问题。张其香（2016）分析得出，为实现创业教育促进经济增长，需要在宏观层面开展外源性创业、内源性创业以及社会创业，在组织层面开展创造型创业、转化型创业及商业型创业，在个体层面开展因果推理型创业、效果推理型创业及战略推理型创业，构建创业教育大格局。罗淑琴（2018）以房地产税对创新创业活动的作用逻辑为研究起点，分析房地产税对我国创新创业的不利影响，房地产价格和租金持续上涨，与现有税收体系共同弱化了创新创业激励；创新劳动报酬吸引力下降，全社会尤其是中青年人风险偏好降低。高涓和乔桂明（2019）基于 2016 年省级地方众创空间运行数据，结合地方政府对众创空间的财政补贴及其享受的税收收益进行分析，研究结果显示 EBM－DEA 三阶段模型对于评价地方政府创新创业财政引导政策绩效优势明显，结合税收收益要素的政策绩效评价更全面、更客观。

1.3.2 关于税收与教育的研究

1.3.2.1 与教育提供者有关的税收政策研究

杨龙军（2005），成刚（2006），李祥云和马妮娜（2009），任强

(2010)，杨志宏（2010)，郝琳琳和翟帅（2012)，李司东（2013)，李虔（2019)，吴华和王习（2017)，张炜（2020)，胡卫、张钦和方建锋（2020）均赞同给予非营利性民办教育以公办教育同等税收待遇。马兆瑞和李文强（2011)、林永春和李慧（2011)、张立彦和孙善学（2015）认为应促进企业参与职业教育。梁功平和刘方（2013）构建了以政府投入为主、受教育者合理分担、其他多种渠道筹集经费的教育投入机制。汪栋、蒋劭杰和黄斌（2017）认为应加大对学校后勤部门的减税力度。

1.3.2.2 与教育接受者有关的税收政策

任强（2010）建议在个人所得税前扣除个人或家庭教育支出。杨志宏（2010）提倡制定税收政策鼓励个人或家庭增加教育支出。李祥云和马妮娜（2009)、戴罗仙和刘运佳（2011)、李司东（2013)、石晨曦（2019）建议对投资教育的家庭予以税收优惠。梁功平和刘方（2013）认为应在个人所得税前扣除子女高等教育学费。刘利利和刘洪愧（2020）提出个税应加强对低收入家庭、农村地区及两个孩子家庭的教育支出的关注。

1.3.2.3 与教育从业者有关的税收政策

戴罗仙和刘运佳（2011）建议提高高校科研人员个人所得税基本扣除标准。郝琳琳和翟帅（2012）建议对科研人员从事研发取得特殊成绩获得的奖励、津贴免征个人所得税。李司东（2013）认为政府应鼓励教师与社会实践相结合。

1.3.2.4 与教育捐赠有关的税收政策

成刚（2006)，李祥云和马妮娜（2009)，郭月梅和陈远燕（2009)，任强（2010)，杨志宏（2010)，戴罗仙和刘运佳（2011)，郝琳琳和翟帅（2012)，赵正洲、程祥和丁燕祥（2017)，赵海益和史玉峰（2017）

赞同放宽教育捐赠的扣除条款。吴芝红（2015）、陈丽君和曾雯珍（2020）认为应以税收优惠激励校企合作和企业对职业教育的捐赠。周波和张凯丽（2020）强调扩大企业税前扣除的捐赠范围。

1.3.3 文献述评

已有研究对职业教育的分析主要集中从经济增长、人口结构、产业结构、教育投入及教育结构几个方面进行，研究范围多集中于某一地区，研究对象聚焦于职业教育的某一方面，研究范围略微狭窄。此外，研究税收对职业教育的影响集中于税收对人力资本投资的影响进而影响教育投入，已有研究多从宏观税负、企业所得税和个人所得税税收优惠政策等角度定性分析税收对职业教育发展的影响，没有从定量角度衡量税收对职业教育的影响。

中国对教育税收政策的研究起步较晚，研究成果随着教育体制改革的推进而普及。在研究对象方面，已有研究集中于民办教育、高等教育税收政策的研究；在研究内容方面，已有研究侧重于教育提供者、教育接受者税收政策的研究；在政策建议方面，开征教育税及鼓励教育捐赠成为研究者共识。

1.4 实施“双创型”职业教育的必要性分析

1.4.1 满足居民多样化需求的重要抓手

随着我国人口老龄化的加剧，社会服务产业具有巨大的发展潜力，与之相关的家政服务、育幼、医养等行业也面临着巨大的需求，亟须专业人才从事相关行业。那么就需要以“双创型”职业教育为依托，利用职业教育培养社会服务产业专业人才，建立健全家政、养老、育幼等新型紧缺领域的职业教育人才培养培训体系，将家政服务业与养老、育幼、物业快递业等融合发展，以居家为基础、社区为依托、机构为补充，医养结合，形成“家政电商”“互联网+家政”“物业+养老服务”“互联网+养老”等新业态，满足城乡居民多样化的需求，扩大人才培养规模，提高新领域人才的培养质量，支撑服务产业发展，打造新时代“双创型”职业教育模式。

1.4.2 建设创新型国家的内在动力

创新是一个民族进步的灵魂，是一个国家兴旺发达的不竭动力。党的十九大报告中指出，要加快建设创新型国家。创新是引领发展的第一动力，是建设现代化经济体系的战略支撑。到2035年，我国要跻身创新型国家的前列。将“创新创业”融入职业教育的全过程，培养创新型人才，满足社会可持续发展。将创新创业作为教育的中心，为职业教育学生搭建平台，学校与社会各界共同建设“双创型”职业教育体系，培养学生创新思维、创新理念、创新创业意识及创业能力，提供创业知识，使学生能够有意识地进行自主创新、有意识地获取新知、有意识地采取新的方法，勇敢接受和面对创业的挑战，这样职业教育才能更加注重实际，真正实现学生的全面发展，从而培养出高水平、高质量的创新技术应用人才。

1.4.3 深化职业教育改革的必然要求

实施学历教育与培训并举是职业院校的法定职责，职业院校应面向全体劳动者广泛开展职业培训，支持和促进创新创业，提升职业院校人才培养质量和办学能力。当前职业教育仍存在学历教育与培训发展不均衡的现象，学校和教师对社会开展培训的主动性不强，课程及相关资源不足，职业教育面向社会紧缺领域的针对性和适用性不够，教师的实践教学能力不强等问题。从经济发展角度来看，我国职业教育发展亟须形成具有中国特色、经验、思路及相应制度安排和思想理念的教育模式，即形成我国独具特色的“双创型”职业教育模式。

构建我国的“双创型”职业教育模式不仅是我国未来由职教大国走向职教强国的重要标志，更是我国建设“中国特色、世界水平”现代职业教育的根本要求。构建“双创型”职业教育模式，首先需要结合职业教育与我国经济发展的实际联系，体现职业教育在经济发展中的独特地位，发挥其不同于普通教育的价值及作用；其次，根据社会需求的变化，职业教育应联系社会服务产业，培养新型紧缺领域人才；最后，随着我国职业教育逐步改革完善，形成具有中国特色的“双创型”职业教育模式，在国际交流合作中适时推广，提高我国职业教育的影响力。

1.5 研究思路及结构

本书的结构安排如下。第1章导论，主要包括研究背景和意义；“双创型”职业教育内涵界定；文献综述、实施“双创型”职业教育的必要性分析；研究思路及结构。

第2章税收制度推动下“双创型”职业教育发展的理论基础，包括：公共产品理论；供需理论；人力资本理论；教育资源最优配置分析研究；财政分权理论；财政政策促进“双创型”职业教育发展的路径分析；税收作用于职业教育的理论分析。

第3章我国职业教育发展进程与前景，包括：职业教育界定；职业教育发展及职业教育发展前景。

第4章我国职业教育财税制度体系与运行，包括：我国职业教育财税政策实施现状；“双创型”职业教育领域财税政策问题分析。

第5章国外职业教育及相关财税制度比较研究，包括：国外职业教育比较研究；国外职业教育税收政策比较研究；职业教育发展的国际经验与启示；职业教育财税政策的国际经验与启示。

第6章税收增长、财政分权与地方职业教育投入，包括：引言；理论分析及研究假设；研究设计；结论及政策建议。

第7章“双创型”职业教育升级的实现路径，包括：我国“双创型”职业教育体系构建；开放教育发展建议；“互联网＋开放教育”发展建议。

第8章实现“双创型”职业教育发展的财税政策建议，包括：促进“双创型”职业教育发展的税收政策建议；促进“双创型”职业教育发展的财政政策建议。

第 2 章　税收制度推动下“双创型”职业教育发展的理论基础

2.1　公共产品理论

根据公共产品理论，“双创型”职业教育具有一定程度的竞争性和排他性，属于准公共产品。竞争性是指一个线下教室可容纳的学生的数量是一定的，每加入一个同学将减少其他人对教育的消费。排他性是指由于资源配置的不同，导致学校间乃至不同班级间提供的教育不完全相同，学生选择在一个班级学习的同时不能接受另一个班级的学习资源。一个招生容量满员的班级，无法再多接收多余的学生，因此该班级对于其他学生来说具有排他性，但对于未满员的班级来说，教育又具有非排他性，因为多增加一个学生的边际成本几乎为零，因此职业教育属于准公共产品。同时，职业教育又具有明显的正外部性。职业教育主要是由学校提供的一种服务，接受教育即消费学校提供的服务；教育的生产和消费不仅对接受教育者本身具有正面影响，同时在市场之外对他人也产生正面影响。具体而言，一个人从接受的教育中获取专业知识和技能，在工作时运用这些知识和技能，因而对市场之外的其他人产生经济效益和社会效益。由于外部性的存在，市场竞争导致的教育资源配置偏离帕累托最优，需要借助“看得见的手”对“双创型”职业教育进行干预。因此，在投资主体多元化的经济社会中，需要政府承担投资或投资盈余，否则，具有明显外部性的职业教育包括“双创型”职业教育的发展将备受制约。

2.2　供需理论

资源的稀缺性决定了社会在组织教育供给时，必须生产什么教育、生产多少教育、如何生产和如何分配教育资源。因此，教育供求状况决定了教育决策。

2.2.1　职业教育供给市场

教育市场是由作为受教育者（学生或其家庭）和教育提供者（学校或培训机构）组成。作为教育购买者的政府和其他社会团体，从学校采购教育并分配给受教育者，即教育的消费者。受教育者及其家庭既是教育的接受者又是教师的提供者。教育市场包含教育采购市场、教育购买市场和教育消费市场。学校从教育采购市场、教育购买和消费市场获得办学资金，因此政府和其他社会团体又充当教育资财供给者。

职业学校作为职业教育的供给方，在做出教育生产决策时，需要考虑教育购买和消费市场、教育采购市场、教育的资财市场、教师市场，这 4 个条件又共同决定了职业教育的发展规模、教育质量、职业教育发展进程及职业教育发展速度。

2.2.2 职业教育需求市场

职业教育需求包括教育的个人需求、教育的市场需求、教育的政府需求、企事业单位需求和教育的社会需求。教育个人需求是指个人愿意购买并且有能力购买教育服务的需求。职业教育个人需求取决于教育的市场价格、教育的社会资助价格、家庭收入和受教育者人数、教育的收益预期、个人学习兴趣、学习成绩、接受教育的机会成本。职业教育的市场需求是教育个人需求的水平加总。教育的政府需求是指政府愿意购买并且有能力购买教育服务的需求。其取决于教育的外部性、教育的市场价格、财政收入、政府偏好。教育的社会需求是教育的市场需求、政府需求和企事业单位需求的总和。

随着我国产业升级和经济转型的加快，各行各业对技术技能型人才的需求愈发紧迫，职业教育的普及大众化，教育评价提升，个人对职业教育的需求增加，职业教育社会需求激增，从而促进了职业教育从质和量上全面发展。

2.2.3 职业教育的供求调节

只有教育供给等于教育需求时，教育市场才达到均衡状态，此时教育资源配置处于帕累托最优状态。在现实世界，由于信息不对称的存在，使得政府包办的教育决策存在政府失灵，需要政府与市场共同作用调节教育资源的配置。教育供求分析的意义在于考察教育市场与其他市场的相互依存关系，对教育体系的各个变量之间关系进行分析，揭示教育供求规律，推进教育决策科学化。当今世界大多数国家选择政府与市场互动型教育供求调节机制，在尊重受教育者教育需求的同时，引导职业教育朝着政府预期的目标发展，市场的参与可以弥补政府失灵，促进职业教育与经济社会协调发展。

2.3　人力资本理论

古典经济学家亚当·斯密提出劳动价值理论，将接受教育所费资本看作是个人财产的一部分和社会上的固定资本，奠定了人力资本发展的基础。其在《国民财富的性质和原因的研究》中指出，学习是一种才能，须接受教育，须进学校，须做学徒，所费不少。这样费去的资本，好像已经实现并且固定在学习者的身上。这些才能，对于他个人而言，自然是财产的一部分，对于他所属的社会，也是财产的一部分，工人增进的熟练程度，可与便利劳动、节省劳动的机器和工具同样看作是社会上的固定资本。学习固然要花费一笔费用，但这种费用，可以得到偿还，赚取利润[①]。

托马斯·罗伯特·马尔萨斯的人口理论断言，人口在不加限制时会以几何级数增长，而生存资料则不可能快于算数级的速度增长。他把由战争、饥荒和瘟疫引起的增加死亡的限制叫作积极限制，把由道德、避孕和堕胎引起的减少出生的限制叫作预防性限制。在他看来，教育在限制人口增长中的作用是有限的。

大卫·李嘉图提出农业中的收益递减理论，他接受了斯密关于劳动创造价值的观点，但没有接受关于把接受教育所费资本当作资本的理念。他认为有些国家肥沃土地很多，但由于居民愚昧、懒惰和不开化而遭受着贫困和饥饿等一切灾害。灾害来自政治不良、财产不安全和各阶层人民缺乏教育。只要刷新政治、改良教育，便可以增进居民的幸福[②]。在

① 亚当·斯密．国民财富的性质和原因的研究［M］．北京：商务印书馆，2003.

② 大卫·李嘉图．政治经济学及赋税原理［M］．北京：商务印书馆，1962.

他看来，教育和政治一样，是社会变革的手段而不是经济增长的手段。

“人力资本理论之父”舒尔茨的《人力资本投资》的问世，标志着人力资本理论的诞生。其批判了经济增长模型构建中长期忽视人力资本和坚持资本同质性、劳动同质性的观点，阐述了人力资本的一般属性，对人力资本和物力资本作了不同质的论证，阐述了人力资本在现代经济增长中的作用。他把教育视为人力资本投资，对教育的成本和收益进行实证分析。

舒尔茨将人力资本概念界定为人们获得的技能和知识是一种资本形态，这种资本在很大程度上是慎重投资的结果，体现于个人身上的知识、能力和健康。因此，人力资本是指个人后天获得的知识、技能、能力和健康的总称。人力资本归结到底是教育、工作培训、健康和迁移等投资的积累。

职业教育作为现代教育体系的重要组成部分，与经济社会发展紧密联系。职业教育是通过对受教育者提供从事某种职业所必须的职业知识和技能的一种教育模式，其目的在于满足个人就业需求和工作岗位或技术岗位的需要。职业教育通过传授专业知识和技能，形成人力资本，职业教育所形成的人力资本能够提高劳动生产率，培养经济社会发展所需的人才，从而促进经济增长。职业教育的特点决定了职业教育是人力资本的重要实现方式。

基于人力资本理论对职业教育的分析如下：首先，人力资本理论引起政府对职业教育的重视，促进政府对人力资源开发；世界各国也越来越重视发展职业教育，增加对职业教育投资，有利于职业教育规模的扩张。其次，职业教育大众化进程的加快，也促使普通民众对职业教育有了新的认识，愿意接受职业教育，从而增加了教育接受者的数量，即职业教育学生的增加，提升了职业教育发展速度，加快职业教育发展进程。第三，人力资本或教育的投资可以提高教育接受者的专业知识和技能，提高技术的熟练程度，教育接受者能力的提高促使教育接受者逐渐转变成为教育提供者，反过来增加教育提供者的供给数量和质量，有利于职业教育专任教师的培养，从而促进职业教育质量的提高。

2.4　教育资源最优配置分析研究

基于边际效用理论，考虑教育资源最优配置是提升“双创型”职业教育中资源利用效率的一种有效方式。通过对“双创型”职业教育中有限教育资源的合理再分配，可以避免资源分配不合理带来的低效率。

本项目通过公共产品——“双创型”职业教育的边际效用来说明“双创型”职业教育在公共部门和私人部门间配置的效率。如图 2－1 所示，横轴代表政府预算，纵轴代表“双创型”职业教育的边际效用 MU（也是社会边际效用 MSU）和纳税的边际负效用 MD（因纳税放弃的私人边际效用 MPU）。边际效用递减规律表明，随着对教育产品消费量的增加，社会成员从连续增加的每一消费单位中所得到的满足程度越来越小。图 2－1 显示 MU 和 MD 曲线都向下倾斜，随着“双创型”职业教育消费的增加，纳税的边际负效用也随之增加，这代表利用社会有限资源所生产的私用品越来越少，“双创型”职业教育和私用品的最优供给在 MU = MD（MSU = MPU）处。

如图 2－1 和表 2－1 所示，E 点表示公共产品——“双创型”职业教育的最优供给，此时边际效用 MU 等于纳税的边际负效用 MD，或者说边际社会效用 MSU 等于边际私人效用 MPU。公共产品配置在 E 点左边任意一点，边际效用大于纳税的边际负效用，公共部门的资源配置不足，此时，公共部门应该向 E 点扩张，从而实现教育资源的最优配置。反之，公用品配置在 E 点右边任意一点，边际效用小于纳税的边际负效用，公共部门的资源配置过度，此时，应向 E 点移动，减少公用品的消费，增加私用品的消费可以促进社会福利增加①。

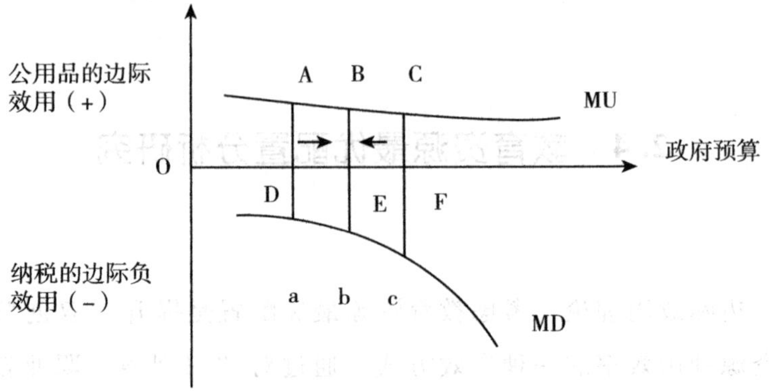

图 2-1 公共产品最优配置

表 2-1 教育资源最优配置点

配置点		配置结果
D 点	MU > MD	教育资源配置不足
	MSU > MPU	教育资源配置过度
F 点	MU < MD	教育资源配置过度
	MSU < MPU	教育资源配置不足
E 点	MU = MD	教育资源和私用品部门间配置最优
	MSU = MPU	

2.5 财政分权理论

遵循财力与责任相匹配的原则，根据各级政府实际拥有的财力，教育财政责任在各级政府之间得以划分。职业教育是交叉性较强的准公共

① 资料来源：郭庆旺，刘志耘．财政理论与政策［M］．北京：经济科学出版社，2002.

产品，须考虑各级政府的可支配财力并以此来划分财政责任，实现上级政府对下级政府的财力转移，在各级政府间划分具体的教育事务，最终实现政府的财力与责任相匹配。

一方面，地方政府无法满足地方对教育经费的需求，形成了当前地方政府教育事务责任与财力不匹配的局面，很难实现地区间教育发展的均等化目标。另一方面，中国地域辽阔、人口众多，地区间资源禀赋各异，经济发展水平不平衡，公共教育资源分布不均，部分落后地区政府教育投入不足，也亟需从制度上根本改革。

2.6　财政政策促进“双创型”职业教育发展的路径分析

财政政策工具主要包括税收、国债、公共支出、政府投资及财政补贴等。税收作为政策工具，调节作用的发挥通过宏观税率的确定、税负分配以及税收优惠和税收惩罚体现；国债作为一种财政信用形式，通过挤出效应、货币效应和收入效应调节货币供求关系，协调财政与金融的关系，主要用来弥补财政赤字；公共支出主要用来满足纯公共需要，包括购买性支出和转移性支出；政府投资即财政对具有自然垄断特征、外部效应大、产业关联度高且具有示范和诱导作用的基础产业、公共设施等项目的建设支出；财政补贴作用的发挥通过政府无偿支出，影响相对价格结构，从而影响供给结构和需求结构，进而影响资源配置结构。

根据“双创型”职业教育的特点，财政政策可以从政府购买性支出、政府投资两个路径作用于职业教育发展。

2.6.1　政府购买

政府购买主要通过对接受教育的学生本人、低收入家庭和学校三个途径影响教育支出效率：

图 2－2 所示为政府对学生本人提供补助后对个人“双创型”职业教育消费的影响。在学生得到补助前，预算线 AB 与无差异曲线 U_1 相切于 E_1 点，个人教育消费数量为 OX_1。学生得到补助后，预算线由 AB 移至 ACD，AC 即为学生获得的补助金。新的预算线 ACD 与无差异曲线 U_2 相切于 E_2 点，个人教育消费数量增加至 OX_2。实际中，对个人的教育补助有以下两种做法：一是政府捐款兴办“双创型”职业教育，提供免费的教育；二是为学生发放免费入学卡。

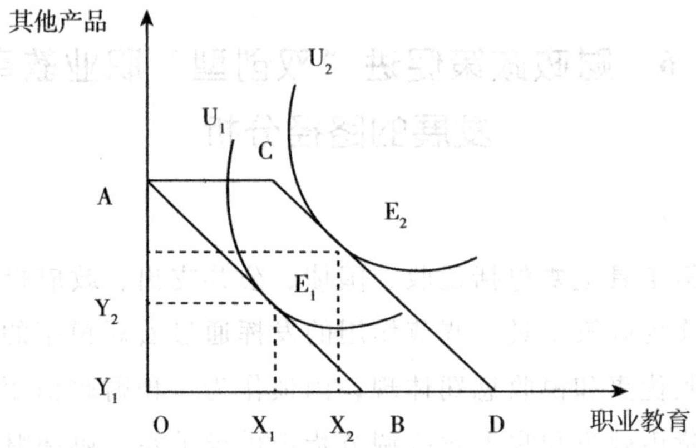

图 2－2　对学生提供补助

图 2－3 所示为政府对低收入家庭提供补助后家庭对“双创型“职业教育消费的影响。在家庭获得补助前，家庭的收入预算线 AB 与无差异曲线 U_1 相切于 E_1 点，家庭用于教育的消费数量为 OX_1。在家庭得到补助后，家庭的收入预算线由 AB 外移至 CD，与无差异曲线 U_2 相切于 E_2 点。可以看到，家庭得到补助后，用于“双创型”职业教育和其他产品的消费同时增加，其中教育消费增加了 X_1X_2，在这种方式下，获得补助的低收入家庭可以将补助用于购买其他产品，无法保证家庭增加对教育的消费。

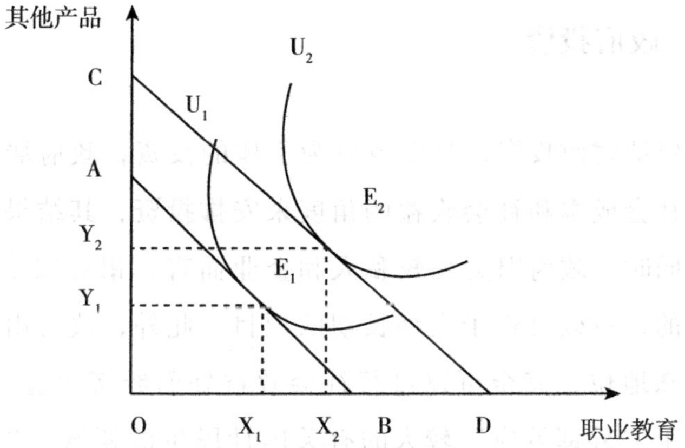

图 2 –3　对低收入家庭提供补助

图 2 –4 所示为政府对“双创型“职业教育学校提供补助。政府可以通过补助降低学校向学生收取学费的标准，扶植“双创型”职业教育学校的发展。在实施学费补助之前，预算线 AB 与无差异曲线 U_1 相切于 E_1，个人的教育消费为 OX_1。实施学费补助后，学费标准降低，个人预算线移至 AC，与无差异曲线相切于 E_2 点，个人教育消费为 OX_2，增加了 X_1X_2。

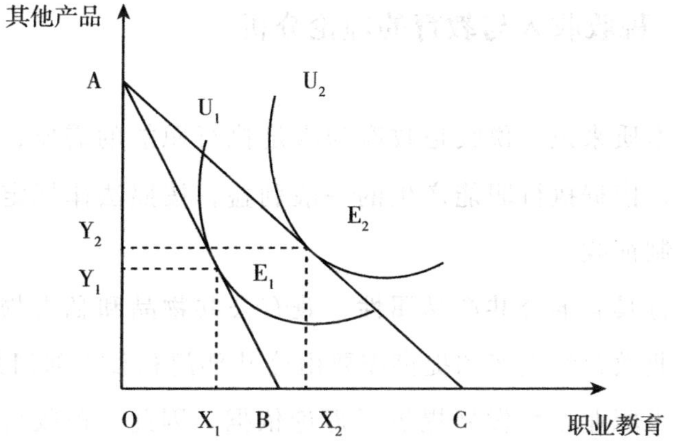

图 2 –4　对“双创型”职业教育学校提供补助

2.6.2 政府投资

政府投资即财政投资，是以政府为主体的投资，政府居于宏观调控的地位，从社会成本和社会收益的角度来安排投资，其结果可以微利或者不盈利；同时，政府财力相较私人和企业而言，相对雄厚，资金来源多半是无偿的，可以投资于大型长期的项目。此外，政府由于居于国民经济中的特殊地位，完全可以进行社会效益好而经济效益一般的投资，将投资集中于“外部效应”较大的有关国计民生的领域。“双创型”职业教育通过培养技能型人才，提升创新创业能力和职业素质，扩大全社会有效劳动供给，对产业发展和经济稳定增长具有积极作用，因此，政府应利用自身优势，投资“双创型”职业教育，促进职业教育发展。

2.7 税收作用于职业教育的理论分析

2.7.1 税收收入与教育的理论分析

就税收本质来说，税收是政府为满足执行职能的需要，对经济活动主体的收入，依据执行职能产生的一般利益，按照法律规定的范围和标准进行的强制征收。

职业教育具有准公共产品属性，兼有公共物品和私人物品的一般特性，因此职业教育的生产和提供需要由公共部门和私人部门共同来分担，这为政府介入职业教育发展提供了理论依据。因此，税收可以作为政府介入职业教育的重要途径之一。

组织教育供给是政府的重要职能之一，职业教育的发展也离不开政府的组织实施，需要政府给予财政支持与税收优惠。在政府财政收支平衡中：

$$T = I_g + I_{ug} + P_{gc}$$

T 表示政府的纯税收，I_g 表示政府的教育投资支出，I_{ug} 表示政府的非教育投资或生产性投资，P_{gc} 表示政府的消费性支出。因此，教育投资既与税收的总量相关，又与政府的其他财政支出的比例相联系。

2.7.2 税收支持职业教育发展的路径分析

2.7.2.1 税收对教育的直接作用

教育具有准公共产品属性，兼有公共产品与私人产品的一般特性，其效用的不可分割性特性体现出教育的公共性，其消费的竞争性和受益的排他性体现出教育的私人性，因此，教育的生产和提供应由公共部门和私人部门共同分担，政府介入终身教育供给具有必要性。

税收是政府介入教育的主要途径之一。教育经费主要来源于政府公共资金，政府公共资金主要来源于税收，因此，税收是教育经费的主要支撑。当税源充足、税收收入增长时，财政压力较小，教育经费投入丰沛，终身教育资源充足；当税源枯竭、税收收入减少时，财政压力较大，教育经费投入萎缩，终身教育资源紧张。通过财政拨款进行税收转移支付时，税收投入计划与安排不仅影响终身教育的规模和速度，而且影响终身教育的公平程度。当税源丰沛或税额增收时，财政压力减轻，特定学生群体的补贴标准提高、资助范围扩大，弱势群体的入学机会扩展，有利于教育资源在不同阶层间公平分配，有效解决市场失灵问题。

税收影响教育活动的收益和成本。不同的教育水平外部性不同，应获得的政府支持不同。税收是教育的成本之一。在学生贷款普及、教育成本上升的背景下，通过税目选择、计税依据安排、税率调整、优惠设定等措施对教育提供者和接受者施以税收优惠，相当于减少教育成本，降低教育价格，可增加教育供给量，加大民众对于教育的需求和终身教育的安排。

税收影响教育事业的发展。在市场传导机制健全的经济中，税收通过改变教育需求结构最终影响终身教育事业的发展进程。税收通过对技术进步施以影响，可以改变终身教育的社会投入率和终身教育产品与服务的需求结构；通过对教育资源分配施以影响，可以改变终身教育消费需求结构；通过对消费和储蓄施以影响，可以改变终身教育消费需求与投资需求比例；通过对公民的教育偏好施以影响，可以改变终身教育劳动力的数量和质量；通过对投资意愿施以影响，可以改变教育资本的数量和投向，最终影响教育事业的发展速度和公平程度。

2.7.2.2 税收对教育的间接作用

教育是社会资源的重要组成部分，社会资源配置状况的改善有利于终身教育资源配置的改善。税收政策不仅直接影响教育资源的配置和占有，直接影响终身教育的实现程度，还通过影响经济文化的发展水平进一步影响社会资源配置，间接影响终身教育的实现程度。

当税收政策通过影响经济活动致力于促进社会和谐、经济发展时，贫困地区、家庭、个人的经济状况得以改善，更多的低收入家庭获得接受教育的供养能力、更多的低收入群体获得接受教育的机会，教育资源配置得以均衡，教育的非均衡和不同步发展状况得以改善，教育差距得以缩小，终身教育有望实现。反之，通过提高教育程度，使民众创造的价值与收入相匹配，可以扩大中等收入阶层，缓解贫困状况；通过扩大教育范围，低收入者可以接受更多的高等教育，使知识水平与生产能力相匹配，从而分享经济增长成果，社会公平得以改善，终身教育得以实现。

第3章　我国职业教育发展进程与前景

3.1　职业教育界定

改革开放以后，中国政府进行学制系统的改革，包括延长中学的学习年限、控制普通高中的招生规模、扩大中等职业教育规模；恢复和重建中专和技校，创办职业高中；恢复高等学校专科和本科；扩大高等专科教育；恢复和重建很多院校、科系和专业；建立学位制度，完善研究生教育制度；恢复和重建各级各类成人教育机构等。至此，我国职业教育发展步入正常轨道。

20世纪80年代以前，中国职业教育分为初等职业教育和中等职业教育，没有高等职业教育。从20世纪80年代开始，我国开始成立城市职业大学和职工大学，这些职业大学和职工大学随后发展成为我国高等职业教育（简称“高职”）。因此，目前我国职业教育体系可分为初等、中等和高等三个层次。初等职业教育是在初级中学阶段开展的职业教育，也是九年义务教育的一个组成部分。实施这类教育的学校主要是职业初中，其招收对象是小学毕业生或相当于小学文化程度的人员，一般在讲授初中文化课的同时，开设一些有关专业的生产劳动和职业技术课程，使学生学有一技之长，学制三年或四年。目前，这类学校主要设在欠发达的农村地区和边远山区。随着我国经济社会的发展，初等职业教育将转型为基础的或入门的职业培训①。中等职业教育成为我国职业教育的基本起点。

3.1.1 中等职业教育界定

中等职业教育是在高中教育阶段进行的职业教育，也包括一部分高中后职业培训，其定位就是在九年义务教育的基础上培养数以亿计的技能型人才和高素质劳动者。中等职业教育是目前我国职业教育的主体，主要由中等职业学校实施，招生对象主要是初中毕业生和具有初中同等学历的人员，基本学制以三年制为主。这类学校在对学生进行高中文化知识教育的同时，根据职业岗位的要求有针对性地实施职业知识教育和职业技能训练。目前，我国中等职业学校共有四类，包括中等专业学校、职业高级中学、成人中等专业学校和技工学校。

（1）中等专业学校（简称“中专”），以招初中毕业生为主，学制三年或四年。传统的培养目标主要是中级技术人员、管理人员和小学教师。改革开放以来，特别是近年来，培养目标已扩大到各类技能型人才。技工学校。这类学校主要招收初中毕业生，学制三年，培养目标是中、初级技术工人。在新中国成立后，在对原有职业学校进行改造的基础上建立，因此，中等专业学校的办学历史较长，办学实力、办学规模和人才培养质量在中等职业教育阶段处于领先地位。但是，自20世纪90年代后期开始，部分办学质量较高、办学历史较长的学校先后升级为高等职业技术学院（即“高职”）或高等专科学校（即“高专”），中专学校的办学质量开始下降，生源也成为问题。进入21世纪之后，中专学校在国家政策的支持下再度成为中等职业教育的中坚力量。

---

① 中国政府网，初等职业教育，2006年8月27日，http：//www.gov.cn/ztzl/2006－08/27/content_370666.htm。

(2) 职业高级中学（简称“职业高中”）。这类学校是在改革教育结构的基础上发展起来的，大部分由普通中学改建而成，一般招收初中毕业生，学制三年，也有二年和四年的。培养目标与中专和技工学校类似，以生产服务一线的操作人员为主。20世纪80年代开始，为了解决普通高中办学规模过大、学生毕业后难升大学且缺乏职业技能的问题，适应市场经济发展过程中对不同类型劳动者的需求，国家开始对中等教育结构进行调整，把办学条件较差、质量不好的普通高中改为职业高中，同时也新建了一批职业学校。所以从根源看，职业高中受到普通教育的影响较大，现今发展规模仅次于中等专业学校。

(3) 成人中等专业学校（简称“成人中专”）。这类学校是我国改革开放以后发展起来的，最早定位是把有初中文化程度的成年人（在职人员为主）培养成中等技术人员。学员主要是在岗职工、失业工人、辍学青年等。学习形式既可以是全日制，也可以是非全日制。由于形势的变化，其招生对象已经以应届初中毕业生为主，学制二年或三年。

(4) 技工学校。20世纪50年代，技工学校由劳动部门负责，培养技术工人。改革开放前，技工学校一般附属于某个国有大中型企业，注重学生岗位技能的培养，学生到企业实习也有相应保障，毕业后可以对口到企业就业。随着20世纪90年代国企改革，大批工人面临失业，受到国有企业支持的技工学校也开始面临困境，学生实习和就业失去了保障，在此背景下，技工学校开始改革。技工学校目前大多数改称“技师学院”，以培养高级工和技师为主。按照《职业教育法》等规定，技工学校（技师学院）归人社部门管理，职业高中、普通中专和成人中专归教育部门管理。

进入新世纪，传统的四类中等职业学校的培养目标逐步趋同，办学形式也日益接近，国家已决定通过改革、布局结构调整和资源整合等方式，逐步打破部门界限，推动它们走向融合，统一规范为“中等职业技术学校”或“中等职业学校”①。

3.1.2 高等职业教育界定

高等职业教育是我国改革开放后为适应地方经济社会发展需要而创建的，其定位就是在高中阶段教育的基础上培养数以千万计的高技能人才。目前的高等职业学校主要是在改革原高等专科学校、职业大学和成人高校，以及整合优质中等职业学校资源的基础上发展起来的。高等职业学校主要招收普通高中和中等职业学校毕业生，学制二年或三年，特别强调应用型、工艺型高技能人才的培养②。中国高等职业教育主要包括高等职业技术学院（简称“高职”）、高等专科学校、成人高校，以及部分中专学校设立的五年一贯制专业、普通本科院校设立的高等技术学院等。一般而言，高职主要指专科层次。

（1）高等职业技术学院。高等职业技术教育从20世纪末开始快速发展，大部分高职院校是在原中专学校的基础上升级而来，由地方政府举办，属于公立性质，其余院校属于民办性质的新建学校。21世纪以来，私立教育快速发展，越来越多的企业、个人及民间团体开始举办高等职业技术教育，高职教育规模占高等教育的一半以上。

（2）高等专科学校。改革开放初期，高等专科学校也是高等教育领域的重要组成部分，主要包括进行专科教育的普通高等学校和职业高等学校。随着高等教育规模的扩大，国家要求所有的高等专科学校和成人高等学校都与高等职业技术学院一样，培养“高级技术应用型人才”，将这些院校实施的教育统称为“高职高专教育”，高专院校已为数不多，大部分已经升格为本科院校。2014年，国务院关于加快发展现代职业教

① 中国政府网，中等职业教育，2006年8月27日，http://www.gov.cn/ztzl/2006-08/27/content_370667.htm。

② 中国政府网，高等职业教育，2006年8月27日，http://www.gov.cn/ztzl/2006-08/27/content_370669.htm。

育的决定中提出，中等职业学校不升格为或并入高等职业院校，专科高等职业院校不升格为或并入本科高等学校，形成定位清晰、科学合理的职业教育层次结构①。

3.2 职业教育发展

20世纪80年代以前，我国职业教育以初等和中等职业教育为主，高等职业教育较少。改革开放以后，随着经济发展，对人才需求结构的变化，中等职业教育成为职业教育体系的主要组成部分，高等职业教育因此得到快速发展。到21世纪，高等职业教育规模占据高等教育的一半以上，而初等职业教育开始缩减。直至今日，中等、高等职业教育成为我国职业教育体系的主要组成部分。

3.2.1 中等职业教育发展

1980年的《国务院批转教育部、国家劳动总局关于中等教育结构改革的报告》（国发〔1980〕252号）开启对中等教育结构的改革。报告提出，适当将一部分普通高中改办为职业（技术）学校、职业中学，要使各类职业（技术）学校的在校学生数在整个高级中等教育中的比重大大增长。

到1984年，普通高中学校数和在校生数分别比1978年减少63.8%和55.6%。农业中学、职业学校快速发展，学校数达7 002所，在校生174.48万人。高中阶段职业学校学生的比例从1978年的7.6%增加到

① 国务院. 国务院关于加快发展现代职业教育的决定（国发〔2014〕19号）.

1984年的32.3%，职业教育规模大幅增长①。1985年，中共中央出台了《关于教育体制改革的决定》，提出造就数以亿计的工业、农业、商业等各行各业有文化、懂技术、业务熟练的劳动者；要求有计划地将一批普通高中改为职业高中，或者增设职业班，力争在5年左右时间，使大多数地区高中阶段的职业教育招生数与普通高中的招生数大体相当，扭转中等教育结构不合理的状况。1986年，原国家教育委员会、国家劳动人事部等多个部委召开改革开放后的第一次全国职业教育会议。会议提出，在1990年前后使全国大多数地区高中阶段职业学校的招生数达到与普通高中的招生数大体相当；5年内培养出800万名初级、中级技术人员和管理、服务人员，初步改变人才结构不合理的状况；要培养上千万新的技术工人，努力提高中级、高级技工的比例，使多数初中、高中毕业生在就业前能够接受不同程度的职业培训；办起一批能起到示范作用的学校和培训中心；积极推行“先培训，后就业”政策等。至此，职业教育开始蓬勃发展。

1991年、1996年，国家分别召开第二次和第三次全国职业教育工作会议，对国家职业教育发展作出规划部署。中等职业教育规模发展迅速。1996年，职业学校招生数和在校生数占整个高中阶段教育的比重分别为57.8%和56.8%，规模上已经超过了普通高中。

1999年中等职业教育开始出现下滑趋势，到2001年中等职业教育在校生人数下降到1 059万人，2002年中等职业教育在校生人数占整个高中阶段的比例下降到38.3%，职业学校数量也大幅缩减。

2002年开始，国家加大对中等职业教育的扶持力度，招生数量开始回升。2005年、2006年中等职业教育连续扩大招生，到2007年，全国中等职业学校发展到14 832所，当年扩大招生50万人，招生规模达810万人，占高中阶段招生总数的49.1%。在校生数达1 987万人，普通高

① 陈明昆．中国职业教育改革与发展实践［M］．辽宁：教育出版社，2016：15.

中教育和中等职业教育的规模已大体相当[①]。

随着“制造业和现代服务业技能型紧缺人才培养培训工程”“中等职业学校骨干教师素质提升计划”、职业教育学生资助等项目的实施，国家对职业教育的经费投入随之增加，推动了职业教育的发展。到2012年，全国中等职业教育共有学校12 663所，招生754.13万人，占高中阶段教育招生总数的47.17%。在校生2 113.69万人，占高中阶段教育在校生数的46%（见表3－1）。

表3－1　1995—2020年中等职业教育发展情况[②]

年份	学校数（所）	招生数（万人）	在校生数（万人）
1995	18 703	402.18	1 008.97
1996	18 615	413.93	1 087.87
1997	18 585	446.73	1 170.40
1998	18 545	443.80	1 221.00
1999	17 696	409.06	1 205.47
2000	16 287	365.63	1 132.83
2001	14 532	367.80	1 059.11
2002	13 430	445.52	1 120.84
2003	14 682	515.75	1 256.73
2004	14 454	566.20	1 409.25
2005	14 466	655.66	1 600.04
2006	14 693	747.82	1 809.89
2007	14 832	810.02	1 987.01
2008	14 847	812.11	2 087.09
2009	14 401	868.52	2 195.17

① 陈明昆．中国职业教育改革与发展实践［M］．辽宁：教育出版社，2016：21－22.

② 本书中的中等职业教育数据：1995—2002年中等职业教育包括中等专业学校、技工学校和职业中学，2003年及之后中等职业教育包括普通中专、成人中专、职业高中、技工学校及其他机构。

数据来源：根据历年中国教育统计年鉴整理所得。

续表

年份	学校数（所）	招生数（万人）	在校生数（万人）
2010	13 872	870.42	2 238.50
2011	13 093	813.87	2 205.33
2012	12 663	754.13	2 113.69
2013	12 262	674.76	1 922.97
2014	11 878	619.76	1 755.28
2015	11 202	601.25	1 656.70
2016	10 893	593.34	1 599.01
2017	10 671	582.43	1 592.50
2018	10 229	557.05	1 555.26
2019	10 078	600.37	1 576.47
2020	9 896	644.66	1 663.37

3.2.2 高等职业教育发展

1978 年改革开放之初，为适应地方经济对应用型人才的紧迫需求，缓解经济快速发展与人才需求紧缺的矛盾，专科层次、学制三年的高等院校应运而生。1980 年，国家批准成立南京金陵职业大学、武汉江汉职业大学等 13 所短期职业大学。1983 年批准新建了 33 所城市职业大学，1984 年又批准了 22 所。1985 年，《中共中央关于教育体制改革的决定》提出，要发挥中等专业学校的骨干作用，积极发展高职教育，逐步建立起一个从初级到高级、行业配套、结构合理的职业教育体系。首次将高等职业教育纳入国民教育体系。这意味着国家开始对原有的高等教育体系进行调整，标志着高职教育办学的开端。1999 年 6 月，《中共中央国务院关于深化教育改革全面推进素质教育的决定》进一步指出：要大力发展高等职业教育，培养一大批具有必要理论知识和较强的实践能力，生产、建设、管理、服务第一线和农村急需的专门人才。

早期高等职业教育办学除了短期职业大学外，还包括职工大学、干部管理学院等形式。由于国家政策鼓励，更多的企业参与到职业教育的办学，开设职工大学，进行职工教育和培训活动。但由于受企业经营规模、自身实力以及内部需求的影响，职工大学的办学差异显著。1983年，国务院批准成立管理干部学院，招收高中毕业以上文化程度的在职管理干部，学制2—3年。同时，为了适应经济建设生产第一线岗位（岗位群）对高等技术应用性人才的需要，教育部开始试行五年制高等专科教育，招收初中毕业生，在航空工业、机电工业、地震预测等行业进行试点。

1991年，国务院《关于大力发展职业技术教育的决定》进一步强调：初步建立起有中国特色的、从初级到高级、行业配套、结构合理、形式多样，又能与其他教育相互沟通、协调发展的职业教育体系的基本框架。1993年，《中国教育改革和发展纲要》提出形成全社会举办多形式、多层次的职业教育局面。1994年，全国教育工作会议指出，通过"三级分流"建立初、中、高衔接的职教体系，确定发展高职"三改一补"的基本方针，即改革现有的职业大学、高等专科学校和成人高校来发展高等职业教育，也可以利用少数重点中专改制或举办高职班等方式作为补充。1996年，《职业教育法》明确提出：职业学校教育分为初等、中等、高等职业学校，高等职业学校教育根据需要和条件由高等职业学校实施，或者由普通高等学校实施。与此同时，鼓励各类社会组织及公民个人举办高职教育和开展职业培训，首次以法律形式鼓励社会和个人举办高等教育，初步实现了公办和民办教育共同发展①。

1999年，高等教育开始大规模扩招，高职院校数量从1999年的474所增加到2020年的1 468所，增长了3倍左右；招生数量从1999年的40.21万人增加到2020年的869.16万人，在校生数从1999年的87.83万人增加到2020年的2 367万人。高等职业教育快速发展，为国家经济

① 陈明昆．中国职业教育改革与发展实践［M］．辽宁：教育出版社，2016：26－27．

建设和社会发展做出了积极贡献。

表 3-2　　1998—2020 年高等职业教育发展情况①

年份	学校数（所）	招生数（万人）	在校生数（万人）
1998	431	28.92	73.33
1999	474	40.21	87.83
2000	442	48.69	100.87
2001	628	66.56	146.79
2002	767	89.05	193.41
2003	908	241.14	972.66
2004	1 047	423.79	983.40
2005	1 091	434.64	1 125.95
2006	1 147	465.94	1 257.96
2007	1 168	466.49	1 335.60
2008	1 184	523.65	1 441.04
2009	1 215	540.72	1 540.50
2010	1 246	544.38	1 566.28
2011	1 280	576.40	1 589.74
2012	1 297	587.03	1 669.93
2013	1 321	610.71	1 731.72
2014	1 327	621.39	1 782.71
2015	1 341	612.25	1 804.2
2016	1 359	602.35	1 809.6
2017	1 388	652.66	1 867.31
2018	1 418	718.58	1 970.66
2019	1 423	823.13	2 171.62
2020	1 468	869.16	2 367.00

① 本书中高等职业教育数据包括普通专科、成人专科和网络专科。

数据来源：根据历年中国教育统计年鉴整理所得。

3.3 职业教育发展前景

新冠肺炎疫情在全球蔓延的形势下，据联合国教科文组织2020年4月统计，全球超过191个国家的15亿学生无法返校正常学习，只能居家远程在线学习。在这次全球“抗疫”保障大军中，在线教育充分展示了优势、实力与发展趋势，但同时也暴露出有效供给不足、优质资源缺乏、在线教育信息技术及智能设备的迭代与发展不均衡等一系列危机。2015年11月，习近平总书记在中央财经领导小组会议上，首次提出了“供给侧结构性改革”这个概念。原教育部部长袁贵仁在十二届全国人大四次会议记者会上指出，中国高校的转型发展，实质上是中国高等教育供给侧结构性改革。信息化时代未来开放教育应该如何发展？教育生态是什么？教育结构是什么？在供给侧结构性改革背景下，笔者对开放教育的发展进行前瞻性思考，在反思教育问题的基础上，剖析问题产生的因素，借以在问题和挑战中抓住发展机遇，构建出更加开放、更加共享、更加个性化的以学生为中心、以终身学习体系为目标的世界一流开放教育支撑体系。

在“全球大学特别对话：新冠肺炎疫情下的大学在线教育及展望”线上会议中，来自6大洲、15个国家、21所大学校长、副校长和专家学者以及联合国教科文组织代表发表了各自的疫情时代在线教育观。高等教育作为社会发展进步的潜在推动力，应加快在线开放教学方式转变，加快发现新事物、接受新事物的速度。“在线教育不仅仅是将传统教学转移到网上，它要求我们从旧的教学范式转变为与数字化的功能和局限相匹配的新教学法。但毫无疑问，这将对线下的传统教育产生不可逆影响”（帝国理工学院校长Alice Gast）。“面向未来和‘后疫情时代’，我们应该借此机会，通过网络促进社群发展，通过世界范围内共同努力，找到新的方式来改进技术，以增强教育核心要义”（日本早稻田大学校长 Aiji Tanaka）。“目前可以确认我们走在了正确的道路上，也比以往任何时候都更坚信大学是全球性机构。我们将需要找到整合线上学习与传统课堂学习的正确方法，从而塑造数字化教育而非虚拟教育的概念”（意大利米兰理工大学校长、意大利大学校长联合会主席 Ferruccio Resta）。“此前在线教育发展迅速，而新冠病毒大流行更加速了这一进程，并为大学开展更大规模的活动提供了机会”（剑桥大学校长 Stephen Toope）。“应急的远程教学经验对耶鲁大学未来发展将产生长远影响，有助于在线教育方式的重新塑造，并引发传统课堂教学的变革”（耶鲁大学校长 Peter Salovey）。“尽管远程学习的潜力超出了想象，在恢复到正常状态后，新常态将与之前有所不同，但也不会颠覆，我们的学生会竭尽全力返回教室，那里有交互学习的丰富感受”（加拿大多伦多大学校长 Meric Gertler）。“线上系统具有出色的韧性和性能，但是缺少人与人之间的互动”（澳大利亚国立大学校长、诺贝尔物理学奖得主 Brian Schmidt）。

进入新时代，我国高等教育加速由大众化向普及化阶段迈进，教育质量和国际竞争力实现历史跨越，高等学校成为创新驱动发展的主要策源地。全球大学校长之间的高端对话肯定了新冠肺炎疫情下教学范式的转变，可以说，2020 年见证了网络教育和在线教育对传统的校园教育模式的挑战和影响，让人们对后疫情时代教育供给侧结构性改革及创新发展有了更多的思考和展望。

3.3.1 开放教育

3.3.1.1 开放教育的现状

本书提及的开放教育是指以国家开放大学为总部的开放教育办学体系，是以现代化信息技术为支撑，采用“线上 + 线下”相结合的没有围墙的新型大学。

目前，国家开放大学办学体系有45个省级分部、1 000多个地方学院、近4 000个学习中心和13个行业学院。449万名在校生覆盖了全国31个省区市，其中70%的学生来自基层，55%的学生分布在中西部地区，职业身份包括公务员、工人、农民、军人、高中生、待业人员等。截至2019年12月底，开放教育累计培养了1 440多万名学历教育毕业生，为数以万计的社会成员提供了各种（类）非学历教育培训，不仅为我国经济社会发展做出了巨大贡献，而且促进了高等教育的大众化、普及化，促进了教育机会公平和国民素质提升。

3.3.1.2　开放教育的定位与主要特征

全球信息化时代，开放教育在学习机会公平、学习方式灵活、学习环境开放等方面具有明显的先天优势。《教育部关于办好开放大学的意见》指出，开放大学要以终身教育思想为引领，树立开放、灵活、优质、便捷的办学理念，充分运用现代信息技术，创新办学形式、组织模式和运行机制，努力办成服务全民终身学习的新型高等学校。中共中央政治局委员、国务院副总理孙春兰在国家开放大学调研时强调，要深化职业教育改革，优化高技能人才结构，为经济社会高质量发展提供有力支撑。基于上述明确定位要求，开放教育具有如下不同于普通高校的鲜明特征。

（1）倡导更加公平的学习机会。

开放教育定位不同于普通高等教育，开放教育为每一个有学习意愿的人提供学习机会。尤其针对普通高等教育资源分配不均衡地区的学生，开放教育能够突破空间局限、地理限制，为任何人提供学习机会和优质的学习资源，最大程度上实现了学习机会公平、教育资源均衡。

（2）坚持灵活的学习方式。

首先，开放教育以不拘一格、机动灵活的学习方式，打破了时空限制，只要有网络，学生就能随时随地通过电脑或者智能手机进行学习。

其次，开放教育可以“无限循环”。与课堂教育不同，开放教育多为音频、视频等形式，学生可以对课程内容多次观看、记忆和理解。最后，开放教育允许学生根据自己学习的深浅、快慢，有计划地在“学分银行”储存学分，达到自我教育的“因材施教”。

(3) 营造开放的学习资源和环境。

一方面，开放教育生源复杂，文化水平参差不齐，开放教育集合全球不同层次和风格的优质教育资源，为不同文化水平、年龄层次、不同地域的学生营造开放的学习环境。另一方面，开放教育是开放共享的，在学习内容、学习方式、学习评价等方面具有开放性和多元性的特征。

3.3.1.3 开放教育面临的危机与挑战

开放教育的出现与20世纪70年代国家经济发展急需大量人才有关，借助现代化手段培养复合型技术技能人才，这是当时提高劳动者素质最有效、最直接的渠道。由于历史原因，开放教育在40年的发展中虽然经历了从举步维艰到快速扩张，但终究没有实现从宏观粗放到微观内涵型发展的转变。新冠肺炎疫情引发的大规模在线教育更是放大了有效供给不足、优质教育资源缺乏、信息技术的迭代与发展不均衡等危机。从供给侧改革的视角看，开放教育供给侧的主体一般包括政府、国家开放大学和省级电大，需求侧主体一般包括基层分校和学生。开放教育供给侧主要掌握着办学资源以及与之相应的管理权，还有一定的资源配置权和决定权。后疫情时代要想化解开放教育面临的危机，必须抓住问题的源头，从供给侧结构性改革入手，加快开放教育结构的转型优化。当前开放教育供给侧结构性改革面临的危机主要体现在如下四个方面。

(1) 教育资源与教育信息技术迭代发展不均衡。

疫情期间，开放教育认真贯彻落实教育部“停课不停学”要求，全体系上下联动做好防疫工作，利用互联网和数字化资源的优势，向个体学习者、社会大众、高等院校等开放学习资源，提供在线学习支持服务，满足社会大众居家多样化学习需求。但是，教育部公布的疫情防控期间全国高校 22 个在线课程开放平台的使用情况中，开放教育体系的“学银在线”仅排第四位，暴露出开放教育资源的结构性不足，难以满足广大学校和教师个性化需求。因此，和普通高校、职业教育相比，开放教育资源失衡问题造成了其在内涵建设上的不足，在核心竞争力上的弱势。同时，仍有一些地处偏远地区、家庭经济条件困难的学生存在上网不方便等问题。疫情期间，亿万师生同时直播、点播和下载资源，高峰时段出现网络拥堵，也暴露了目前开放教育发展的又一大瓶颈问题：信息技术保障严重不足。以远程教育和线上教育为主的开放教育，存在教育资源和技术迭代缓慢的劣势，新冠肺炎疫情时期与其他高校的网络教育“竞赛排名”中，并没有进入前“三甲”。这个问题的解决需要各平台通过加大技术投入，强化服务和保障，从而缓解高峰时段的网络拥堵。另外，开放教育还要根据教学内容的需要发挥直播和录播的不同优势，指导学生分时段下载资源。教育部曾经提出，到 2022 年建立健全利用信息化手段扩大优质教育资源的覆盖面的有效机制，支撑构建“互联网 + 教育”的新生态，有效弥合区域、城乡和校际的差距，推动实现优质教育资源的均衡。这一政策的推动实施将切实加快偏远地区线上教育的进程，实现教育的公平。通过“互联网 + 教育”“智能 + 教育”等方式，丰富中西部地区薄弱学校的优质教育资源供给。

（2）传统的技术模式与智能教育发展要求不相适应。

开放教育目前通过国开在线、电大在线等网络运营平台，借助虚拟专网、互联网、教育科研网、移动通信网和卫星网等，完成对学生的在线教育。全球信息化时代，除了开放教育，普通高等教育及各类培训机构都在“互联网 +”助力下加快推进远程教育。5G 技术、人工智能、大数据、虚拟现实等前沿技术正驱动教育结构性的变革创新，为后疫情时代未来教育发展带来新机遇、新动能。面对新技术浪潮的冲击和各教育机构的竞争，只有勇于挑战创新，改变传统的旧技术模式和旧教育教学范式，适应智能教育的发展需要才有可能走出当前困境。

（3）教育教学模式与新型大学的价值目标不协调。

在经济发展和社会进步的大环境下，开放教育传统的课程资源、文字教材、网络平台资源、电视录播资源等显然在一定程度上已经不能适应新形势下的社会需求，部分视频课程已经延用了几十年，未曾更新变化，尤其开放教育中“应用实践型”技术教育，仍然沿用传统的以理论代替应用实践的教育模式，不能融入当前社会发展需要的“加强校企合作”“建立产教融合型企业认证制度”的培养模式。新时期，开放教育必须发展双元或者多元主体的办学模式，构建学校与企业协同育人的共同体结构，破解单一的以理论和远程教育为主的发展桎梏，加强校企合作、校地合作、校校合作，在“互联网+”背景下让人工智能与实践教育共同赋能未来，通过相互融通的学习场景、灵活多元的学习方式和富有弹性的学校组织，形成灵活多样的学习支持体系，为学生提供个性化定制的教育，实现新型开放教育的价值目标。

（4）开放教育跨越式发展需求和现实不均衡发展的矛盾。

全球信息化时代，开放教育跨越式发展的未来需求和其现实不均衡发展之间的矛盾体现在以下几点：一是办学层次不够完整，无法真正满足新时代社会需求。我国当前的开放教育从中专开始，多为专科，部分地方开放大学办学层次为本科，研究生层次的教育仍然处于探索阶段。从国际视野梳理世界开放大学的发展可以发现，开放教育在众多国家是发展完善、学历层次完整的重要教育体系，很多国家的开放大学具有完整的专科、本科、研究生层次，有的甚至拥有博士学位授予权。二是系统的评价体系没有真正建立起来，教学质量情况没有独立性、权威性评价，专业建设、课程建设、实训实习基地建设相对落后，创新性差强人意。三是专业师资队伍匮乏，科研水平亟待提升。开放教育师资力量总体偏弱，科研投入精力少，开放教育学术论文发表数量质量、国家级和省部级课题数量、高质量慕课及金课等方面与普通高校差距较大，高质量高水平的科研产出成果较少，无法支撑一流开放教育高质量内涵式发展。

3.3.2　“互联网+开放教育”

2015年，李克强总理在全国人大会议政府工作报告中首次提出“互联网+”，体现了政府对信息技术与各行业融合的前瞻认识。依靠“互联网+”推动的教育发展将极大地促进我国教育资源供给与适应性服务能力的提升。教育部印发的《教育信息化2.0行动计划》要求，到2022年基本实现“三全两高一大”的发展目标，其中“一大”即指建成“互联网+教育”大平台。互联网技术在教育行业的应用，将改变学生的学习方式。近年来，互联网与教育的深度融合在更深层次的教育思维方面改变了大众的教育观、公民的学习观、学校的发展观、课堂的教学观。因此，正确认识互联网促进教育变革的格局和发展规律，积极探索互联网环境下学习方式和教学方式的新形态，是抓住“互联网+”机遇，深化教育综合改革，有效促进教育现代化的关键。

近年来，基于互联网的共享经济模式逐渐盛行，各行各业的创新发展明显刻有互联网的烙印，学校教育也不例外。新时代引领下的革新应区别于以往的局部改进，不能简单地套用理论与互联网简单结合，如“互联网+制造业”“互联网+农业”“互联网+知识”“互联网+教育”，而要实现互联网与移动网、物联网、大数据、云计算等技术手段的深度融合发展。

“互联网+教育”不仅是简单的变换课堂地点，更重要的是让整个学校教育从组织结构到基本内容都发生了巨大变化。海量互联网资源，使得高等院校的课程内容得以全面拓展与更新，使得适合当代大学生的最新前沿知识能够及时地进入课堂，使得课程内容艺术化，生活化的目标变成现实。除了必修课程的创新，各类选修课程的开发与应用，在互联网的支持下也变得日益丰富，越来越多的学生可以从几十甚至上百门课程资源中选修自己心仪的课程，诸多从前无法想象的课程如今都成了现实。

当前，主流教育模式诞生于大工业时代，已有近百年历史。百年来，科学技术取得了巨大飞跃，人类在诸多领域的研究均有了丰硕成果，各种教育创新实践和产品层出不穷。但是从整体而言，教育模式尚未发生质的变化，常规的“教”“学”方式、传统的课堂空间仍然是教育的主流。爱因斯坦说过，“问题是不可能在产生这个问题的原有框架中被解决的”。人类在每一个领域的重大突破都源自对该领域原有范式的突破。因此，要打造新型的教育范式，必须利用信息技术从内部打破传统思维惯性。

“互联网+教育”作为新型教育模式，区别于传统教育最显著的特点是综合利用“大、云、智、移”等信息新技术。这种新型的教育模式形成了网络教学平台、网络教学系统、网络教学资源、网络教学软件、网络教学视频等诸多全新的概念。由此，新型教育模式更新了教师教学理念及其课堂教学手段，大大提升了教学质量，并且彻底改变了传统的教学组织形式。这些教学方法和模式的巨大变化必然引起固有教育范式的改革，如学校课程建设的变革、教学组织形式的变化、教学方法的创新以及教育评价方式的优化和多元化等。这种新型教育范式将教和学的界限逐渐模糊，把学习从纯粹的单向输入变成“输入、创造、分享”的综合体验，构成一个更加开放的系统，使教学以分布式的方式在不同场景下发生，实现线上线下的融合式学习，最终形成学生自由学习的新型教育模式。

“互联网+教育”是以教育信息化为支撑，引领教育现代化的有效路径，是实现优质教育资源共享、推进教育公平、提高教育质量的重要抓手。通过充分调动各方面，特别是教育界、产业界的积极性，优化资源配置，改革教学方法和教育评价体系，推动深度学习、跨界融合、人机协同等走向实处，“互联网+教育”充分体现了全员性、开放性、过程性、融合性等不可替代的优势。

“互联网+教育”对教育教学深刻影响的核心在于实现教育资源的开放与共享。在开放与共享中平衡社会诉求，搭建模式多样的平台，既可以像新冠肺炎疫情期间这样开设网课，进行“大兵团”作战，也可以像“游击战”那样，让学生随时随地自学，以此作为网课的补充。“互联网+教育”不仅解决了教育教学中资源匮乏的问题，更重要的是成为精准扶智的一种重要渠道，从而可以逐步解决教育公平的问题，其已成为逐步缩小区域、城乡、校际差距的有效途径。

3.3.2.1 “互联网+教育”教学模式

一是直播式教学模式。新一代“直播教学”以教师为中心，基于互联网平台将信息通过视频方式进行网上现场传播，直观快速、内容丰富、交互性强，且不受地域限制，比起过去的录播教学、电视直播教学方式更为先进，交互性更强。该模式打破教学空间的限制，教师、学生可处在不同地区，但是师生须在相同时间登陆在线学习平台，利用在线学习平台开展教学活动。其优势是：教师可控制教学速度，确保教学内容连贯性。不足之处是：学生被动接受知识，学习氛围不够好，对培养学生创造意识及能力不利，并且开放教育的学生以在职为主，很难有固定学习时间。

二是自主学习模式。即学生通过学习平台观看教师提前制作、发布的学习资源。学生可依据自己的时间、需求，选择学习时间及学习内容。开放教育的学生可以随时随地利用碎片时间，通过电脑、手机等终端进行学习，让知识内化更加方便快捷。

三是混合式学习模式。即融合面对面教学方式、网络教学方式的一种教学模式。该教学模式可充分发挥课堂教学、网络教学的优点，提高教学效果。但是，开放教育的学生在校集中授课时间比较少，所以该学习模式仅为课程答疑的辅助形式。

3.3.2.2 “互联网+开放教育”优势

现代信息技术与开放教育的教与学全面、全过程深度地融合，所带来的优势是巨大的。

一是丰富教学资源。远程开放教育的本质特征是时空分离，教学资源的优劣直接决定开放教育的成效。在传统教育中，教师主要将权威教材作为授课的知识来源。而互联网时代，学生的学习及信息渠道更为多元化，信息获取较为迅速、丰富，教师现有的知识储备、知识建构以及知识更新已难以满足学生的需要，与互联网、大数据、云计算的知识储备相比更是相去甚远。这就要求开放教育的教学资源向互联网进行转移，通过互联网搜索全球最前沿、最权威的教学资源。开放教育以现代信息技术为支撑，借助于云服务、大数据等技术手段构建云端一体的技术设施，为丰富教学资源提供了充分保障。目前国家开放大学已建成集教、学、管、研、服一站式和一体化运行的远程教育云平台，拥有538间云教室，并且建立了国家数字化学习资源中心，集聚了5万多门优质课程，并与其他高校、职业学校、社会教育机构等共建了247个分中心。新冠肺炎疫情期间，由于其教学资源丰富，39所院校和教育机构申请使用国家开放大学“荟学习”平台和课程，191所高校使用了学银在线平台和课程，国家开放大学全力助推全国教育实现“停课不停学”。

二是转变教学方式。传统教学模式下，教师为教学活动主体，学生是知识的被动接受者。“互联网+开放教育”视域下，教师与学生之间不再是简单的“上对下”的关系，而是进行了角色的转变，转变传道授业解惑者的四维模式，老师变成了帮助、引导、辅助者，以适应互联网时代的大趋势。教学也不再只是教师输出、学生接收的单向传播过程、简单教学过程，而是变为一种互动关系、沟通关系。教师在提升自身素养和转变角色的同时，真正实现教师与学生都作为平等的身份，教师与学生共同开发与实施课程，并采取线上线下混合学习的形式，构建师生成长共同体。还可以利用云端技术引导学生进行探究性学习、一对一学习、游戏化学习，进行翻转课堂教学，为学生创设个性化的环境。此外，通过互联网全程监控其教学过程，“互联网+开放教育”可以将学生自评、学生互评、教师评价、学校评价等融为一体，构建一种科学合理的、人性化的，并具有引领价值的教育评价方式。通过获取教学效果、考评和反馈，新型教育模式能进一步优化学习过程、进一步提高教学质量，以期取得更好的教学效果。

3.3.2.3　“互联网+开放教育”面临的困境

开放教育最初作为学历补偿教育的一种形式而出现。普通高校扩招后，大学升学率逐年提高，再加上近年来，各大高校也逐步意识到网络教育的重要性，在学历教育层面已和开放教育形成直接竞争。非学历教育层面，普通高校也开始重视开放教育，利用自身的名牌效应、师资力量、专业优势等抢占开放教育和终身教育的市场制高点，对开放教育的发展造成巨大冲击。

伴随着“互联网+开放教育”的发展，开放教育管理者应沉心静气，研究分析目前发展面临的软硬件限制，稳步推进教育现代化的改革。一方面，硬件设施要求较高。“互联网+开放教育”不仅仅是一般性的嫁接，它需要利用信息技术、互联网技术建设在线学习平台，实现在线学习、在线考试、在线沟通、教学管理等多种功能。主要硬件设备为服务器、磁盘、教育网接口、后备电源系统、监控系统等。另一方面，教学工具开发质量不高。教学工具是影响教学效率、教学效果的重要因素。为了保证开放教育实施的效果，学习平台应提升对教育工具的重视程度。学习平台在优化教学体系、教学内容的同时，应积极优化教学工具，以提升学习平台运行效率及综合竞争力。但目前开放教育学习平台应用的多种教育工具，不够先进、科学，对教学效率、教学效果缺乏一定的积极影响。

第4章　我国职业教育财税制度体系与运行

4.1　我国职业教育财税政策实施现状

4.1.1　财政政策实施现状

4.1.1.1　政府间职业教育财政事权和支出责任划分现状

我国现行职业教育管理体制遵循“在国务院领导下，分级管理、地方为主、政府统筹、社会参与”的原则。具体管理体制划分如表4－1所示。各级政府间具体职能划分上，中央承担宏观层面的管理与规划工作，负责统筹规划、综合协调和宏观管理工作，制定制度与标准，扶持帮助贫困地区和弱势群体的职业教育发展；在省级层面，制定省级职业教育发展的宏观规划和重大决策，落实本级各项职业教育经费，规划审批、检查、监督、指导职业教育改革与发展；在市级层面，制定本市职业教育总体规划，统筹区域内职业教育资源，调整区域内职业教育学校布局，落实中央和省的有关政策，筹措本级职业教育发展经费，检查、监督、指导县（市、区）职业教育改革与发展；在县级层面，制定本县职业教育发展规划，落实中央、省、市有关规定，优化职业教育资源，筹措本级教育经费，改善办学条件，提高教育质量；在乡镇一级，统筹本区域内教育资源配置，办好乡镇农民文化技术学校，筹措教育经费，成立专业农村成人教育教师队伍，发展农村职业教育。

自2016年全面“营改增”以来，地方财政收入逐渐减少，在支出方面，地方政府承担的事权与支出责任并没有减少，其中教育财政支出责任主要由地方负责。以2019年为例，全国一般公共预算支出238 874亿元，中央一般公共预算本级支出35 115亿元，地方一般公共预算支出203 759亿元。据李振宇、王俊（2017）估算，按照中央本级教育财政支出与地方教育财政支出划分中央与地方教育财政支出的责任，中央承担5%—6%左右的教育财政支出，几乎不承担职业教育财政支出。

表4-1　职业教育政府间管理体制划分[①]

教育	管理体制划分
中等职业教育	主要由地方负责，省、直辖市、自治区所属的，由省、直辖市、自治区领导，有关职能部门参与管理，具体管理职责下沉到县；属中央各部举办的，地方辅助协调和配合。技工学校由人社部管理
高等职业教育	中央所属的高等职业教育由教育部管理，地方所属的高等职业教育由地方省市教育行政机构管理

4.1.1.2　教育成本分担机制

我国的非义务教育采取对受教育者收取学费的模式，中等职业学校采取政府、行业、企业及其他社会力量依法筹集经费的机制，高职高专采取举办者投入为主、受教育者合理分担培养成本、高等学校多渠道筹

① 资料来源：中国财政科学研究院课题组，中央与地方职业教育事权和支出责任划分［J］．财政科学，2017（9）．

集经费的机制。表 4 - 2 所示职业教育经费收入来源情况，国家财政性教育经费占职业教育经费来源比重越来越高，政府在职业教育发展过程中占据重要的地位；民办学校中举办者投入、社会捐赠经费和其他收入在职业教育经费中占比较小，职业教育成本负担结构总体不平衡，未能充分发挥社会资本的积极作用。另一方面，以政府投入为主，社会参与度不高的职业教育发展模式中，会导致职业教育阶段个人学费负担比较重。职业教育经费作为职业教育服务的成本分担与补偿价格，现行职业教育成本分担机制不尽合理，因此有必要优化职业教育成本分担体系。

表 4 - 2　　职业教育经费来源占比①　　单位：%

年度	国家财政性教育经费	民办学校中举办者投入	社会捐赠经费	事业收入	其他收入
2009	57.13	1.44	0.32	37.70	3.42
2010	60.61	1.14	0.23	34.51	3.51
2011	66.93	0.93	0.18	28.73	3.23
2012	72.05	0.68	0.13	24.22	2.91
2013	73.70	0.83	0.24	21.76	3.47
2014	74.67	0.42	0.12	21.69	3.11
2015	76.34	0.50	0.14	19.83	3.19
2016	76.29	0.96	0.11	19.44	3.20
2017	77.08	0.81	0.09	19.34	2.68

4.1.1.3　公共财政对“双创型”职业教育的投入现状

由统计口径及数据的可得性，根据历年《中国教育经费统计年鉴》

① 资料来源：根据 2010—2018 年度《中国教育经费统计年鉴》整理。

整理2009—2017年度国家财政性教育经费收入统计情况，如表4-3、图4-1所示。职业教育本书取中等职业学校和高职高专学校，其中中等职业学校中包含技工学校。2009—2017年以来，国家财政性教育经费收入占GDP比重呈平稳上升趋势，自2012年以来保持4%以上的增长幅度，体现出国家对教育的重视程度不断加深。从教育经费收入的绝对值来看，普通教育经费与职业教育经费收入均呈逐年递增趋势，但职业教育经费收入还远远低于普通教育；从相对值来看，普通教育占国家财政性教育经费收入总额的比重自2009年以来略有上升，职业教育经费占国家财政性教育经费比重基本保持在10%左右，近几年甚至呈递减的趋势。近两年国家虽然出台了一系列政策措施促进职业教育发展，但在资金投入上仍然存在不足。

表4-3　2009—2017年国家财政性教育经费收入统计情况①

年度	普通教育（千元）	职业教育（千元）	国家财政性教育经费收入总计（千元）	GDP（亿元）	普通教育经费收入占教育经费比重（%）	职业教育经费收入占教育经费比重（%）	财政性教育经费收入占GDP比重（%）
2009	297 687 759	121 115 617	1 223 109 354	349 081.40	24.34	9.90	3.50
2010	373 201 184	145 990 831	1 467 006 696	413 030.30	25.44	9.95	3.55
2011	514 863 591	193 388 908	1 858 670 092	489 300.60	27.70	10.40	3.80
2012	635 171 269	239 183 172	2 314 756 979	540 367.40	27.44	10.33	4.28
2013	647 282 993	254 267 366	2 448 821 774	595 244.40	26.43	10.38	4.11
2014	685 448 939	255 691 119	2 642 058 205	643 974.00	25.94	9.68	4.10
2015	767 471 854	294 977 339	2 922 145 113	689 052.10	26.26	10.09	4.24
2016	826 022 418	309 644 970	3 139 625 189	743 585.50	26.31	9.86	4.22
2017	904 860 347	334 958 792	3 420 775 455	827 121.70	26.45	9.79	4.14

① 资料来源：根据2010—2018年度《中国教育经费统计年鉴》整理。

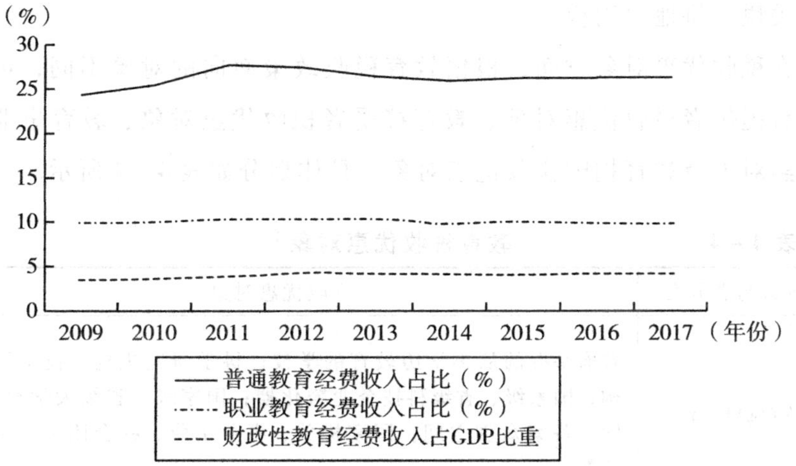

图 4-1　各类教育经费发展趋势线

4.1.2　税收政策实施现状

目前我国并没有针对双创型职业教育出台相应的税收政策，相关教育税收政策主要分布于《财政部 国家税务总局关于教育税收政策的通知》(财税〔2004〕39 号)、《财政部 国家税务总局关于全面推开营业税改征增值税试点的通知》(财税〔2016〕36 号)、《财政部 国家税务总局关于明确金融 房地产开发 教育辅助服务等增值税政策的通知》(财税〔2016〕140 号)、《财政部 国家税务总局关于高校学生公寓房产税 印花税政策的通知》(财税〔2019〕14 号)、《国家税务总局“大众创业 万众创新”税收优惠政策指引》等政策文件中，因此本书从双创型职业教育内涵出发，整理归纳现行与创新创业以及职业教育有关税收政策，以期对我国双创型职业教育税收政策的制定及落实提供借鉴。

现行教育税收政策优惠较为丰富，在税种设置方面，包括了增值税、企业所得税、个人所得税、房产税、印花税、城镇土地使用税、契税、进口关税、耕地占用税。

在税收优惠对象方面，根据教育税收政策面向的对象不同，可划分为教育提供者税收优惠对象、教育接受者税收优惠对象、教育事业者税收优惠对象及教育捐赠税收优惠对象，具体划分如表4-4所示。

表4-4　　教育税收优惠对象[①]

教育参与者分类	税收优惠对象
教育提供者	政府举办的从事学历教育的学校；科学研究机构、技术开发机构；国家级、省级科技企业孵化器；国家级、省级大学科技园；国家备案众创空间；国家机关、事业单位、社会团体、军事单位等
教育接受者	勤工俭学的学生；接受技能人员职业资格继续教育、专业技术人员职业资格继续教育的个人；教育储蓄存款利息所得的个人等
教育事业者	教育部颁发特聘教授奖金的个人；国务院规定颁发政府特殊津贴、院士津贴、资深院士津贴，以及国务院规定的其他补贴、津贴的个人；非营利性研究开发机构和高等学校，从职务科技成果转化收入中获得现金奖励的科技人员
教育捐赠	通过公益性社会组织或县级（含县级）以上人民政府及其组成部门和直属机构，用于慈善活动、公益事业捐赠支出的企业；将其所得对教育事业的捐赠，捐赠额未超过应纳税所得额30%的部分的个人；将财产赠予学校所立的书据的财产所有人、向教育事业进行无偿捐赠的境外捐赠人等

在税收支持内容方面，就刺激经济活动和调节社会生活的税收优惠而言，一般采取直接免税、优惠税率、纳税扣除、即征即退、延期纳税等形式。按照税收优惠支持形式的不同，具体划分如表4-5所示，可以看到现有税收优惠重点主要侧重于直接免税。

① 资料来源：根据历年教育相关税收政策整理。

表4－5 教育税收优惠内容①

支持方式	政策内容
直接免税	对上述符合条件的对象采取免征增值税、企业所得税等优惠政策
优惠税率	一般纳税人提供的教育辅助服务，按照3%征收率缴纳增值税②
纳税扣除	(1) 纳税人的子女接受全日制学历教育的相关支出，按照每个子女每月1 000元的定额扣除 (2) 纳税人在中国境内接受学历（学位）继续教育的支出，按照每月400元定额扣除。同一学历（学位）的扣除期限不得超过48个月。纳税人接受技能人员职业资格继续教育、专业技术人员职业资格继续教育的支出，在取得相关证书的当年，按照定额3 600元扣除 (3) 个人接受本科及以下学历（学位）继续教育，符合规定条件的，可以选择由本人扣除③
即征即退	对安置残疾人的特殊教育学校举办的企业，限额即征即退增值税④
延期纳税	科研机构、高等学校股权奖励延期缴纳个人所得税⑤

4.2 “双创型”职业教育领域财税政策问题分析

4.2.1 财政政策问题分析

4.2.1.1 政府间财政事权和支出责任划分不对等

根据中国现行职业教育管理体制，中央承担宏观层面的管理与规划

① 资料来源：根据历年教育相关税收政策整理。

② 《财政部 国家税务总局关于明确金融 房地产开发 教育辅助服务等增值税政策的通知》（财税〔2016〕140号）。

③ 《国务院关于印发个人所得税专项附加扣除暂行办法的通知》（国发〔2018〕41号）。

④ 《财政部 国家税务总局关于促进残疾人就业增值税优惠政策的通知》（财税〔2016〕52号）。

⑤ 国家税务总局：《“大众创业 万众创新”税收优惠政策指引》，http://www.chinatax.gov.cn/n810341/n810755/c4428218/content.html。

工作，省级统筹，县级落实；实际执行中，职业教育管理职责主要由地方政府负责。在地方政府财政收支矛盾日益尖锐的情况下，地方职业教育管理职责落实率不高，政府间财政事权和支出责任划分不对等。近几年，中央推出一系列政策支持职业教育发展，如《国务院关于印发国家职业教育改革实施方案的通知》（国发〔2019〕4号）提出，进一步完善中等职业学校生均拨款制度，逐步提高拨款水平，各地中等职业学校生均财政拨款水平高于当地普通高中，高等职业教育生均财政拨款水平达到12 000元以上。但实行过程中，地方政府需要承担更多的支出责任，虽然有转移支付支持，但地方政府财政收入增长乏力，地方财力尤为紧张，而地方职业教育支出刚性不减，导致地方财力缺口日渐增长，地方职业教育发展的资金需求愈发增大。

4.2.1.2 教育成本分担比例不合理

一方面，目前职业教育经费来源的主要组成部分为国家财政性教育经费，举办者投入、社会捐赠经费和其他收入在职业教育经费中占比较小，个人负担比例较高。由于职业教育生源主要来自农村和低收入家庭，职业教育的学杂费成为家庭支出的较大负担，较高的学费将挤出无力支付学费的低收入家庭。另一方面，目前非政府主体投资职业教育的积极性较弱。以民办教育为例，民办职业教育经费来源主要为学费、住宿费和举办者投资，政府财政性资助和社会捐赠有限，发展资金稀缺，民办职业教育办学成本走高、学费偏高，造成生源持续减少，进一步导致办学经费减少，形成恶性循环，严重制约职业教育发展。

4.2.1.3 财政资金投入力度不足

2012年以来，国家财政性教育经费占GDP的比重虽保持4%以上的增长，但距离国际平均水平仍然存在明显差距（姚继军和马林琳，2016），需要国家财政性教育经费持续投入。职业教育与普通教育具有同等行业地位，在教育经费投入方面理应享有同等待遇。目前，中国财政性教育经费投入存在重普通教育、轻职业教育问题，普通教育经费占财政性教育经费总额的 20% 左右，职业教育经费占财政性教育经费比重仅 10% 左右，与目前大力发展职业教育、提升职业教育现代化水平的目标相悖，亟需调整职业教育经费投入规模与结构，从根本上解决职业教育发展缓慢问题。

4.2.2　税收政策问题分析

4.2.2.1　对教育提供者的税收政策问题分析

（1）民办教育税收优惠落实不到位。

对教育提供者的税收支持政策规定对从事学历教育的学校提供的服务、取得的收入免征增值税，而将非学历教育的学校排除在外。对于通过捐资办学成立的非营利性民办教育机构，具有较强的公益性，办学本质与公办教育机构无异，但无法享受与公办教育同等的税收支持政策。

对于要求取得合理回报的民办学校，《民办教育促进法实施条例》规定，“出资人要求取得合理回报的民办学校享受的税收优惠政策，由国务院、税务主管部门会同国务院有关行政部门制定”。至今，相关部门尚未落实出资人要求取得合理回报的界定标准和税收优惠规定，致使出资人无法享受应有的税收优惠，挫伤出资人办学的积极性。

（2）高校不同收入项目税收政策不同。

税收支持政策规定提供教育服务免征增值税的收入是指对列入规定招生计划的在籍学生提供学历教育服务取得的收入，具体包括：经有关部门审核批准并按规定标准收取的学费、住宿费、课本费、作业本费、考试报名费收入，以及学校食堂提供餐饮服务取得的伙食费收入。除此之外的收入，包括学校以各种名义收取的赞助费、择校费以及新入学学生的军训、体检、保险、住宿等费用，属于不予免征增值税的范围，需要按规定缴纳增值税、城市维护建设税、教育费附加及企业所得税。对于高校不同收入项目予以不同税收待遇，限制了社会资金流入双创型职业教育领域。

(3) 税收优惠范围有待扩大。

现行税收政策中对双创型职业教育的提供者的税收支持集中于对国家级、省级科技企业孵化器，国家级、省级大学科技园，国家备案众创空间，科学技术研发机构以及实施学历教育的高等学校。一方面，符合条件的相关教育提供者仅仅局限于成长性良好的行业、企业、机构及学校；另一方面，享受条件较为苛刻，实际中只有相当少的企业能够满足政策规定享受税收优惠待遇。

4.2.2.2 对教育接受者的税收政策问题分析

根据教育税收支持政策的整理发现，现行政策更多地倾向于教育提供者，即学校和教育机构，面向教育接受者的税收优惠政策相对不足。

(1) 对学生创新创业的优惠范围有待扩大。

现行针对重点群体创业税收优惠中仅有一项是对毕业年度内的高校毕业生，同时对毕业生的要求限制为实施高等学历教育的应届毕业生，在一定程度上限制了非学历教育的学生群体可以享受税收优惠，既不公平也不利于鼓励创新创业；此外，对于创业者来说，从开始创业到创业成功期间可能远远超过3年，那么按照政策规定，只允许在3年内扣减相应税收的规定，并没有考虑到实际创业过程，使得政策的激励作用大大减弱。

(2) 对学生家庭的优惠力度有待改进。

双创型职业教育的发展不仅取决于社会教育需求的增加，更取决于对职业教育的支付能力。教育需求是个人愿意购买且有能力购买教育服务的需求。当职业教育服务的开支在家庭可接受的范围时，教育是可供选择的服务，当教育服务的开支超出家庭可承受的范围时，则无法享受教育服务。新实行的个人所得税在专项附加扣除中增加子女教育、继续教育费用扣除，按照《个人所得税专项附加扣除暂行办法》规定，纳税人的子女接受全日制学历教育的相关支出，按照每个子女每月 1 000 元的标准定额扣除；纳税人在中国境内接受学历（学位）继续教育的支出，在学历（学位）教育期间按照每月 400 元定额扣除。事实上，不同家庭的经济来源和标准不同，经济状况存在较大差异，却面临相同的税收政策，对于收入尚未达到个税扣除标准的家庭，如绝大多数农牧民家庭，无法享受到教育支持政策，从而无法参与双创型职业教育发展进程。

（3）教育储蓄优惠幅度有待提高。

教育储蓄是目前鼓励个人教育支出的主要手段。由于教育储蓄存款期限较长，且每笔本金最高限额 2 万元的特点，税收优惠幅度较小，无法满足现行教育支出。同时，享受教育储蓄政策需要办理的手续程序繁杂，无法发挥鼓励个人教育支出的作用。政府应继续鼓励个人进行教育储蓄，并提高单笔教育储蓄本金上限，扩大优惠幅度，发挥教育储蓄对职业教育发展的支持力度。

4.2.2.3 对从事教育事业者的税收政策问题分析

（1）不同级别的奖金经费待遇不同。

依据现行个人所得税法，对省级人民政府、国务院各部委和中国人民解放军军以上单位，以及外国组织、国际组织颁布的教育方面的奖学金，免征个人所得税。对于省级政府发放的奖金，一律按照偶然所得计算缴纳个人所得税。与之类似的是高等院校的科研经费。高等院校是科学发明和科技创新的生力军和主力军，上述政策阻碍了高等院校教学科研的积极性，使不同级别的奖金和经费面临不同的税收待遇，对从事教育事业的教师及科研人员的税收激励不足。

（2）税收优惠力度不足。

科技成果转化是提高创新能力的重要基础，税收政策应以促进科技成果转化为着力点，以此助推创新创业的发展。现行“双创”税收政策中，对于依法批准设立的非营利性研究开发机构和高等学校从职务科技成果转化收入中获得的现金奖励需要减按50%计入当月工资、薪金所得，依法缴纳个人所得税。对于科技人员而言，税收激励效应不足，使得对创新创业的辐射范围有限，科技成果转化无法满足市场创新创业的有效需求。

4.2.2.4 对教育捐赠的税收政策问题分析

（1）个人与企业的捐赠政策地位不同。

个人所得税法规定，个人等社会力量通过非盈利性的社会团体和国家机关对农村义务教育、教育事业的捐赠，准予在缴纳个人所得税前全额扣除。但企业所得税法规定，企业通过公益性社会组织或县级（含县级）以上人民政府及其组成部门和直属机构，用于慈善活动、公益事业的捐赠支出，在年度利润总额12%以内的部分，准予在计算应纳税所得额时扣除。个人和企业捐赠的善举本身并无差异，但是却因为善举的行为人存在法人和自然人身份的不同而受到不同的税收待遇，限制了法人对教育事业捐赠的积极性。

（2）缺少激励教育捐赠政策。

根据历年教育经费统计年鉴统计教育经费收入情况发现，2005—2018年教育捐赠经费情况统计如表4－6所示（2005年以前教育经费统计年鉴将捐赠经费与集资经费合并统计，因此根据数据的可获得性，选取2005—2018年教育捐赠经费统计数据），教育捐赠经费不论从绝对额还是相对额上都呈逐年下降趋势，虽然教育捐赠经费收入下降的原因有很多，但税收政策安排不到位也是重要原因之一。

首先，教育捐赠税前准予列支的额度有限，使得捐赠数额越大享受的税收优惠越少，变相不鼓励大额捐赠的行为；其次，无论是个人捐赠还是企业捐赠，税收优惠仅限于通过相关国家机关或社会团体的捐赠，而捐赠者更偏爱直接捐赠给学校或优秀的贫困学生，现行规定无法激励捐赠行为，影响捐赠者的积极性。

表 4－6　　2005—2018 年教育捐赠经费情况统计①

年份	捐赠收入（千元）	教育经费收入总计（千元）	捐赠收入占比（%）
2005	9 316 129	841 883 905	1.11
2006	8 990 776	981 530 865	0.92
2007	9 305 839	1 214 806 630	0.77
2008	10 266 633	1 450 073 742	0.71
2009	12 549 905	1 650 270 650	0.76
2010	10 788 394	1 956 184 707	0.55
2011	11 186 751	2 386 929 356	0.47
2012	9 569 193	2 865 530 519	0.33
2013	8 554 445	3 036 471 815	0.28
2014	7 967 003	3 280 646 093	0.24
2015	8 699 601	3 612 919 267	0.24
2016	8 104 474	3 888 838 503	0.21
2017	8 499 744	4 256 200 690	0.20
2018	9 475 745	4 614 299 799	0.21

① 资料来源：根据 2006—2019《中国教育经费统计年鉴》数据整理。

第5章 国外职业教育及相关财税制度比较研究

5.1 国外职业教育比较研究

国外对职业教育研究集中于 Vocational Education and Training（简称 VET，即职业教育与培训），将职业教育范围扩展为职业教育与培训。1981年，OECD 报告将 VET 定义为涵盖与工作有关的学习阶段的全过程。因此，职业教育关系到日常如何学习工作，如何获得与就业相适应的知识和技能。Wilkins（2002）认为，从 VET 方面培训人员是任何考虑实现经济和社会进步的国家开发人力资源总体进程的一部分。Atchoarena、Delluc（2002）发现，在 VET 的各种模式下，撒哈拉以南的非洲一些国家在中学课程中引入相关职业教育课程。Mundia（1998）发现，其他国家，例如太平洋地区的巴布亚新几内亚在中学或中学后教授有关职业教育科目。大多数职业教育由公共部门资助，属于国家教育体系的一部分。然而，也有一部分由私人部门资助和运作（Atchoarena and Esquieu，2002；Wilkins，2002）。Yamada（2001）提出，职业教育有三种类型，综合职业化普通教育、分轨制职业教育和非正规职业教育。

Muhammad Ali Asadullah、Aamir Zafar Ullah（2018）认为，VET 被指

定为各种名称，如技术教育（TE）、职业培训和职业教育（OE）。国家劳工组织（ILO）和教科文组织如此定义VET：职业教育是一个综合概念，它是指除通识教育外还涉及技术、相关科学研究以及获取与经济社会各部门职业有关的实用技能、态度、理解和知识等方面（Maclean and Wilson, 2009）。

VET已成为缓解就业不平等以消除贫困和促进经济稳定增长的常用方式（Comyn and Bamaart, 2010; Nilsson, 2010），因为其具有各种优势：第一，VET通过提高个体技术技能以找到工作或创业，从而提高就业能力（Booth and Snower, 1996; Maclean and Pavlova, 2011）。提高社会和个人的生产力是教育和培训的经济目标。第二，VET还提供再培训（Huber et al., 2018），从而确保在失业时获得工作机会。第三，VET是谋生的重要来源（Finch and Crunkilton, 1999）。第四，VET有助于实现不同国家的经济社会目标，如收入公平、工资增长、区域发展、吸引投资和增加出口。VET已成为年轻一代对社会和市场做出贡献的重要因素（Gaskov, 2000）。例如，通过提供医疗保健、家电车辆维修等技术，为客服、家庭成员和邻居提供服务，从而节约相关费用（Gaskov, 2000）。对VET的投资也被认为是将国家人力资源开发与经济社会发展成果联系起来的一项战略，因为它强调教育、消除贫困及涵盖边缘弱势群体（Nilsson, 2010; Comyn and Barnaart, 2010; Alagaraja et. al. 2014）。

5.1.1 美国“双创型”教育经验

美国是最早建立创新创业教育体系的国家之一，形成了政府、学校和社会机构等多元主体参与的创新创业教育体系，推动创新创业教育发展。

从政府层面，政府对创新创业教育进行顶层设计，通过制定创新创业方面的法律法规，为创新创业教育发展提供法律遵循。同时，在财政、金融及税收方面出台相应优惠政策，激励创新创业教育的发展。

从学校层面，高校作为创新创业教育的主体，主要从以下几个方面开展创新创业教育：首先，实行创新创业课程体系，其中最为著名的是百森商学院的创新创业课程体系和斯坦福大学的产学研创新创业教育模式。百森商学院的创新创业课程体系着重培养学生创造性思维模式、冒险精神和创造力，在师资力量方面有专门教师讲授创新创业课程，这些教师拥有丰富的实践经验，大多由成功的创业管理层人员担任，同时校企合作也为学生提供实践平台。其次，在课程设计时更加注重实践成果，将创业意识、创新品质等结合科学教育、社会教育等融入课程体系中。产学研创新创业教育模式则更加强调校企合作的重要性，形成校企互利互惠的良性循环。

从社会机构层面，首先，在企业界诸多企业为创新创业项目提供资金支持并提供技术指导，创新创业项目也为企业带来技术创新等新的发展机遇。如英特尔、IBM 等公司为新兴技术领域软件开发提供技术支持及商业辅导。其次，投资界多家投资机构成立全美投资公司协会，为创新创业提供融资支持；非营利社会组织参与创新创业实践，为创新创业提供资金支持。以考夫曼基金会、美国创业指导网等为代表，为创新创业教育提供创业课程、实习项目，帮助学生发现商机，提供资源对接，为其创新创业提供资金支持，促进社会各方积极参与创新创业教育。

5.1.2 日本“双创型”教育经验

日本创新创业教育发展起步较晚，通过融合美国及欧盟创新创业教育的特点，形成了具有自身特色的创新创业教育体系。

5.1.2.1 产学官联合教育模式

“产”即民间企业或非营利团体组织，为高校创新创业提供资金支持。“学”即大学、高等职业技术学院等，为创新创业提供人才、技术、方法和知识。“官”即国家或地方公共团体组织，主要指政府出资运营的公共研发机构或组织，为创新创业提供制度保障和政策支持。产学官联合是将企业、学校和政府联合起来促进创新创业教育发展，提高社会创新创业意识，为创新创业教育发展提供资金支持和制度保障，促进创新创业成果转化。

5.1.2.2 建立创新创业社团

日本高校成立“创业部”社团，通过开展创业讲座活动，教授创业方法，吸引有创业想法的学生加入社团，帮助学生积累创业知识和创业技术，促使学生成功创业。如九州大学和崇城大学均设立创业部，依托创业部开展创业养成计划，通过联合大学、社会等开展创业讲座，教授创业课程，促进创新创业教育发展的同时也为地区经济注入新的增长活力。

5.1.2.3 推行实习制度

为了培养实践型人才，政府对接受实习生的企业免除部分税收，同时免除企业为实习生缴纳的社保税，并对实习生提供补偿金。通过减轻企业税收负担，鼓励企业积极参与创新创业教育，促进企业接受学生实习，也有助于企业培养实践型员工，使实习生可以短时间内成为正式员工，降低企业培训成本，减轻企业整体负担。对实习者来说，实习制度可以帮助其学习实践技能，有助于创新创业教育发展。

5.1.3 新加坡“双创型”教育经验

作为“亚洲四小龙”之一，新加坡是亚太地区较早进行创新创业教育的国家，其创新创业教育已形成较为完备的体系。

从政府层面，推行"智慧国家计划"，大力发展技术和知识密集型产业，提出创新、整合和国家化三大原则，提出"研究、创新与企业计划"，鼓励企业创新，推出"创业准入计划"。新加坡不仅重视国内学生的创新创业教育，对留学生也给予创新创业政策支持，吸引创新创业人才进入新加坡从而促进创新创业发展。

从学校层面，设置创新创业课程，高校针对创新创业设置大量课程，内容涉及创业基础、创业营销、技术创新、创新管理等，课程注重体验式教学，利用案例分析、拓展训练、角色模拟、分组讨论、计算机模拟实验等教学手段，为学生创造创业环境。加强学生实践学习，鼓励学生走出校园进入企业实习，在实习期间可以学习相关创业课程，感受企业创业历程，培养学生创新创业精神。鼓励学生参加创新创业大赛，政府积极组织各类创新创业大赛，提高社会整体创新创业理念，为学生和企业搭建桥梁，为学生提供创新创业实践平台。建设"双创型"师资队伍，聘请拥有创业经历和企业经营管理经验的企业人员担任创业导师，提高师资队伍的专业化水平，为学生提供当前创业动态，把握未来创业趋势。促进创业成果产业化，强调创新创业教育与商业结合，注重产学研一体化，高校建立承担国家重点建设项目、服务生产的专门研究机构，如新加坡国立大学建设了"国大开创网"和国大创业中心。南洋理工大学成立"NTUitive"公司，培养未来企业家，推动创新创业教育发展。

从社会层面，鼓励企业向创新创业教育投资并提供技术支持，企业与高校建立长期合作关系，由行业专家、技术专家、知名校友等组成创业导师团队，为学生创业提供专业指导。基金会为创新创业教育提供资金支持。

5.1.4 德国"双创型"教育经验

德国职业培训制度起源于中世纪，最初是由行业协会组织，在技术教育中一直占有突出地位（Heinz Weihrich、Kai - Uwe Seidenfuss and Volker Goebel，1996）。最初培训体系是分学徒、技工和工匠三个层次，熟练的工匠负责职业培训，其逻辑是整合培训内容，包括技术知识、实践经验和传统习俗。起源于 16 世纪的主日学校是当今职业学校的前身。

传统学徒制最常见的形式是“双元系统”，将内部（公司）与外部（学校）培训结合，学徒在公司学习实践经验，在职业学校学习理论知识。职业培训通常为期三年到三年半，学徒每周在公司工作三天，在职业学校学习两天。在德国大约有 400 种职业需要专业培训。双轨制教育体系的法律基础是规范公司与学徒权利和责任的职业教育法，学校管理法则侧重于职业学校教授理论知识。由于德国是联邦教育体系，各州在学校管理法方面存在差异。教育法规定了学期、实践内容、培训计划和考试条例。

5.2　国外职业教育税收政策比较研究

5.2.1　德国职业教育税收政策

所得税（个人所得税和企业所得税）和增值税是德国最重要的税种。

5.2.1.1　对教育和培训提供者的税收优惠

由于德国公立学校的公共教育和培训免征增值税，为了防止竞争扭曲，对一些私立学校和教育机构也免征增值税，但必须满足以下条件：私立学校和普通教育机构必须得到官方承认或各州主管当局承认；其他教育培训机构在准备专业考试时，必须得到地方公共部门的许可。在私立学校或教育机构教学的独立教师提供的服务也免征增值税，但需要固定的教学提纲，服务的提供必须在一定时期内，机构不需要提供课程材料，可以使用公立学校的课程。以讲座、课程或其他具有科学教育性质的活动提供的服务可以免税，前提是这些收入用于支付成本，服务可以由普通学院、成人教育中心、非营利机构或专业协会提供。符合条件的教育培训提供者都可以免税，课程不需要认证，但教育培训提供者需要得到官方许可。

图书和报纸适用7%的增值税税率。但是德国教育和培训服务的私营提供者地位如同企业，履行企业所得税纳税义务。

5.2.1.2 对企业教育和培训的税收优惠

雇主为员工支付的培训费用作为经营性支出，减少了公司的应纳税所得额，包括法人企业和非法人企业。用人单位需要登记参加培训课程的员工，否则培训费将视为对员工的实物支付，不能扣除。一般来说，员工的初等教育费用不构成经营性支出，除非初等教育支出是雇佣的一部分，例如学徒制。

5.2.1.3 对个人教育和培训的税收优惠

VET 支出可以从个人所得税税基中扣除。与专业或收入有关的费用可以完全扣除，条件是教育（培训）与所从事的职业（工作）有关，或者为未来职业变化做准备的再培训。与职业或收入无关的初等职业教育支出可作为每年4 000欧元的特别费用扣除，初级教育支出是指由政府认可并以正式考试（大学学习、学徒、职业学校等）结束的教育课程。此外，有子女就读于某些被认可的私立学校的纳税人，可以按照私立学校学费的30%作为特别支出扣除。

5.2.2 爱尔兰职业教育税收政策

爱尔兰的税收制度主要包括三个组成部分：直接对劳动力征税（所

得税)、商品和服务消费的间接税（增值税和消费税）及对公司利润征税（公司税)。

5.2.2.1　对教育和培训提供者的税收优惠

在爱尔兰，提供教育和培训服务免征增值税，大多数的教育和培训服务是由不征增值税的公共部门提供。此外，政府始终把人力资本开发作为国家的一项优先事项，并力求尽可能降低潜在接受者的 VET 成本。由于大多数初等、中等、高等教育及初等和继续教育服务提供者不征增值税，在购买货物和服务时不能扣除增值税，造成第三方机构购买研究和教学用设备时支付昂贵的费用。为了解决这个问题，增值税法规定允许这些机构利用公司或个人的捐赠购买用于研究和教学的医疗设备发生的增值税可以申请退税。但前提条件是，该仪器设备必须花费在 25 390 英镑及以上（不含增值税)；该仪器仅用于医学研究；不包括国家出资部分；附卫生研究委员会退税建议。提供捐赠的公司和个人也可以获得税收优惠。

在企业利得税方面，教育和培训提供者没有特殊的税收待遇。爱尔兰政策制定者指出，提供此类服务的私营企业按照利润的 12.5% 缴纳企业利得税，而这已经是欧盟最低的税率之一。

5.2.2.2　对企业教育和培训的税收优惠

在爱尔兰，企业有权从其利润（计算公司税）中扣除全部因贸易而产生的培训费用。主要税收优惠措施是按标准所得税税率（20%）减免经批准的高等教育学院核准课程的三级学费，包括成员国的某些本科课程、成员国或非成员国的研究生课程及语言和信息技术课程的学费。

5.2.2.3　对个人教育和培训的税收优惠

在 1995 年实行免费收费计划之前，爱尔兰的学生必须支付公立大学本科和研究生课程的学费。根据现行立法，私立机构、公立机构、海外机构、留级学生及非全日制学生可按照标准所得税税率20%减免，下列学费可按标准税率减免：(1) 在爱尔兰及欧盟成员国至少支付2年全日制或非全日制本科课程的学费；(2) 由国家培训就业管理局批准的培训机构提供的信息技术和外语培训课程的学费；(3) 爱尔兰、欧盟成员国及非成员国的研究生课程的学费。

税收减免可以在纳税年度结束时，个人去纳税申报时提出申请，也可以选择在支付费用的纳税年度内申请。税收减免的条件如下：(1) 该课程必须经爱尔兰、其他成员国或非成员国核准。已批准的课程清单向负责管理税务系统的税务专员提供。未列入教育科学部提供给税务专员的年度课程名单的，只要符合相关法律规定，仍有资格获得免税。(2) 全日制和非全日制本科课程至少为期2年；(3) 研究生课程至少为期1年，但不得超过4年；(4) 外语和信息技术培训的课程必须少于2年。可以享受学费减免的课程如下：(1) 提供高等教育补助金课程的大学、公立私立学院及高等教育机构；(2) 按照教育科学部规定标准运行的学院或高等教育机构；(3) 受公共资助或正式认可的其他成员国的大学和高等教育机构；(4) 在爱尔兰提供远程教育的其他成员国的高等教育学院或机构，经高等教育补助金计划核准的课程；(5) 受公共资助或正式认可的非成员国的大学和高等教育机构（仅适用于研究生课程）；(6) 在爱尔兰提供远程教育并按照教育科学部规定标准运行的学院或机构，且必须经过教育科学部批准。教育科学部负责保留经批准的减税学院或课程的名单，每年更新一次，并提交给税务专员，以便核实个人申请减税情况。应减免的税款分课程、分学年计算。可申请的最高减税额为每门5 000欧元(2005年以前为3 175欧元)；外语（不包括爱尔兰的两门官方语言）和信息技术课程税收减免最低为315欧元/课程，最高为1 270欧元/课程。纳税人申请减税，必须提交书面申请，详细说明学费、支付学费人的姓名和地址、学生的姓名和地址、学习课程及期间，并确认该学院是成员国或非成员国公共或私人部门资助。直接或间接以助学金、奖学金、雇主或其他方式支付的学费、行政费或考试费均不减免税收。

5.2.3　法国职业教育税收政策

法国的教育和培训是在国家一级进行管理。首要原则是，所有居住在法国的 6 至 16 岁的儿童享有免费教育。大多数小学、中学及学龄前学校（2 至 5 岁的儿童接受的教育）是公立的并且免费。此外，私立中小学只要与州签订合同，就可以获得大部分补贴。对于大学和其他高等教育机构来说，尽管私人设施的重要性更高，但公共资金仍然普遍存在。平均而言，州和地方政府的财政支出占总教育支出的 87%（行政、餐饮、交通和手册除外），而家庭支出占 8%，企业支出占 5%。

5.2.3.1　对教育和培训提供者的税收优惠

不论 VET 提供者的法律地位如何，普通小学、中学和高等教育活动都免征增值税，包括由学生直接付费的个人提供的各类课程。公立教育包括公立高等教育机构在教育和研究方面的活动，免征企业所得税。非营利私人机构提供的私立教育，只要符合非营利管理的标准，不征企业所得税。公共部门提供的持续职业培训免征增值税和企业所得税。自 1995 年 1 月，私营部门提供的持续职业教育培训如果有主管行政部门提供的证书，可免征增值税。私营部门兼有职业培训和其他活动的，增值税豁免仅适用于职业培训活动。

5.2.3.2　对企业教育和培训的税收优惠

法国对职业培训（初期和继续培训）和企业学徒的强制资助规定，有 20 名以上雇员的公司必须将上一年支付的工资总额的 1.6% 用于职业培训；对 10—19 名雇员的企业和 10 名以下的企业，这一比例分别为

1.05%和0.55%。此外，至少有一名雇员的企业，必须按照前一年支付工资总额的0.5%缴纳学徒税。自2007年起，学徒须占250名以上雇员总数的企业的一定比例（2007年为1%，2008年为2%，2009年为3%），否则学徒税将增加10%。法律规定，法国企业有义务根据公司规模从工资总额中强制征收为职业培训发展做出贡献。公司可以从利润中扣除教育和培训费用，其必须符合两个标准，以贸易为目的进行且超过法律规定的强制性缴款。

支持企业开展VET的主要税收优惠包括：企业家培训费用的税收抵免；学徒制税收抵免；对企业经济和金融部门雇员培训费用的税收抵免。

（1）企业家培训费用的税收抵免。2005年开始采取企业家培训费用税收抵免，目的在于通过职业培训鼓励企业家职业发展、连续工作、能力发展及获得不同级别专业资格。税收抵免计算如下：培训小时数×截至N年12月31日每小时最低工资（N为计算税收抵免的年份），培训支出每年每个企业最多40个小时。对2008年就2007年收入缴纳的税款，税收抵免额最高337欧元，如果税收抵免超过所得税税款，则将差额退还给纳税人。

（2）学徒制税收抵免。学徒制税收抵免于2005年1月18日确定，税收抵免计算如下：N年平均学徒数×1 600欧元（或残疾学徒2 200欧元）。每名学徒1 600欧元（或2 200欧元）受到由雇主提供的费用减去公共补贴的差额的限制，如果在获得公共补贴后支付学徒的工资低于1 600欧元（或2 200欧元），则税收抵免相应减少。如果税收抵免超过所得税税款，则将差额退还给纳税人。

（3）对企业经济和金融部门雇员培训费用的税收抵免。对企业经济和金融部门雇员培训费用的税收抵免在2006年12月30日确定，目的在于鼓励中小企业雇员参与经济金融活动，了解公司运作、融资及会计核算等。税收抵免按每名雇员10小时培训，每小时75欧元的最高限额计算，在计算时扣除用于培训的公共补贴，抵免期为24个月（2007年1

月 1 日—2008 年 12 月 31 日），每个企业以 5 000 欧元为限，如果抵免额超过所得税税款，则将差额退还给纳税人。

5.2.3.3　对个人教育和培训的税收优惠

为了鼓励个人接受 VET 的税收激励措施主要包括：高等和中等教育费用的所得税抵免；对高等教育学生学业贷款利息的税收抵免；学徒工资免征个人所得税；学生工资免征个人所得税。

（1）高等和中等教育费用的所得税抵免。1992 年开始实行对高等和中等教育费用的所得税抵免，要求纳税人子女在中学（初中或高中）或高等教育机构学习，子女年龄在 18 岁以下和 25 岁以下经父母子女双方同意接受高等教育。扣除如下：每个学生 61 欧元、153 欧元及 183 欧元，分别为中学 1—4 年级、中学 5—7 年级和接受高等教育。纳税人在填写纳税申报时注明子女姓名、所在学校名称和班级，税收抵免超过所得税税款的，差额不返还。

（2）对高等教育学生学业贷款利息的税收抵免。对高等教育学生学业贷款利息的税收抵免于 2005 年确定，降低学生学业贷款成本。对于 2005 年 9 月 1 日—2008 年 1 月 31 日发生的贷款需要满足三个条件：要求享受税收抵免的受益区间内必须是法国的纳税人，这使得国外留学的学生在返回法国时能够享受税收抵免；在贷款年度的 1 月 1 日，学生年龄不得超过 26 岁；在贷款年度的 1 月 1 日，必须是接受高等教育的学生。学业贷款利息抵免受益人只能是借款人，父母不能从中受益。税收抵免的基础是贷款前 5 年的利息总额（包括保险费和档案费），每年税收抵免额相当于实际支付年利息的 25% 且不超过 1 000 欧元，税收抵免超过所得税税款的，差额返还给纳税人，这一福利持续直到借款人成为独立的纳税人。

（3）学徒工资免征个人所得税。学徒工资免征个人所得税政策于 1977 年通过，这一激励措施有助于促进教育和培训活动发展，提高本国青少年购买力。学徒在合同内赚取的工资在年度最低工资范围内免征所得税，纳税人（学徒或其父母）只须申报高于上限的工资。

（4）学生工资免征个人所得税。学生工资免征个人所得税，即免除在学校或大学期间工作或学习的学生的薪金的个人所得税，于2004年实行，以促进劳动力就业，提高购买力，有利于改善就读期间有工作的学生现状。中等、高等教育或26岁以下有工作的学生可免征个人所得税，但不得超过最低工资标准（3个月最低工资）。

5.2.4 荷兰VET税收政策

5.2.4.1 对教育和培训提供者的税收优惠

在荷兰提供教育和培训的企业在某些情况下可以免除19%的增值税，教育和培训活动免税，目的在于减少个人教育和培训活动费用，促进终身学习。适用免税待遇的组织如下：（1）资助教育，完全由公共部门资助的教育，包括小学、中学、高等教育及职业教育。这种类型的教育和培训为非传统学术性的，与特定行业、职业相关的手工或为实用职业做准备；（2）指定教育，部分受政府资助的教育，可以是法律规定的初等、中等、高等以及职业技术教育，也可以是非法律规定的职业教育、音乐教育和实践教育（长期失业者的职业培训）；（3）承认教育，经法律许可非政府资助的教育；（4）书面教育，没有固定地点学习，个人在家学习并寄送家庭作业，经教育提供者纠正并送回；（5）国家考试的教育和培训；（6）机构的教育和培训，有权利在分支机构开办企业；（7）与教育密切相关的服务，如考试和教育纠正也免征增值税。一些课程和活动也免征增值税，这些课程和活动虽然不是直接的职业性质活动，但目的在于改善个人目前或未来的工作状况，如文本处理、管理、自动化、语言方案、工作委员会成员课程、访问会、研讨会及专题讨论会（介绍技能知识）等。相反，与个人目前或未来职业无关的课程如烹饪、摄影等不免税。提供教育培训服务的企业，免征增值税，且不得扣除已支出的增值税额。

5.2.4.2　对企业教育和培训的税收优惠

企业在计算利润时可以从收入中扣除雇员的教育培训费用，但前提是教育培训活动必须与当前或新工作相关。公司支付的课程如果不是为了从工作中获得收入，则课程费用不能扣除。个体企业也可以从收入中扣除与工作相关的教育培训费。根据“减少支付工资税和社会保险费”的法律规定，企业可以从减税中获得财政支持，以使员工参加教育培训活动，从而提升企业地位。该激励措施的实质是通过扣除公司为雇员支付的工资和社会保障缴款，降低公司雇员的工资成本，符合条件的群体如下：（1）在企业内接受职业教育培训的刚毕业的学生；（2）参加职业教育培训的雇员；（3）兼职的高等职业教育或中等职业教育的学生，不包括兼职的大学教育的学生；（4）在大学攻读博士学位的雇员；（5）在某些机构攻读博士学位的雇员；（6）在企业攻读博士学位的雇员，且其工资与大学里的博士生的工资相当（如果工资较高，则不适用减税）；（7）接受教育获得初级学历的雇员（也包括最近失业的雇员），前提是没有完成中等教育；（8）雇员参与评估以确定当前需要的技能和继续教育。在随后几年，目标群体扩大到其他类型的教育，如高等职业教育和中等职业教育。

5.2.4.3　对个人教育和培训的税收优惠

教育费用扣减是以 1964 年的工薪税为基础，目的在于通过减少个人的教育培训费用，促进成年人参与终身学习。假定企业可以从雇员获得的额外技能和知识中获得收益，有收入的个体投资于教育培训活动，是以改善当前或今后的工作状况为目的，就可以获得教育费用减免。减免标准为每年 500 欧元，最高 15 000 欧元。教育费用减免按以下顺序依次计算：(1) 扣除从就业和自有房屋获得收入的免税额；(2) 如果免税额超过 (1) 中的收入，则从储蓄和投资收入中抵减；(3) 从私人有限公司或公共有限公司的重大权益收入中抵减 (2) 中的剩余。从政府领取学生补助金的金额，每人每年不得超过15 000欧元，每月92—183欧元。教育费用的扣减适用于以下几种类型的教育：资助教育；指定教育；成人教育；书面教育；国家考试的教育和培训及机构的教育和培训。个人参与教育和培训可扣除的费用包括：(1) 学费、书籍；(2) 远足和旅行，包括旅费和住宿费；(3) 参加会议、研讨会和专题讨论会的差旅费；(4) 电脑等耐用品的折旧；(5) 经认可的先前的学习费用。

5.2.5 奥地利VET税收政策

个人所得税、企业所得税和增值税是奥地利最重要的税收。还有其他一些重要的税收和费用，包括对公司征收的地方税、与房地产和土地有关的税、保险税和特定商品消费税（BMF，2007）。

5.2.5.1 对教育提供者的税收优惠

奥地利增值税法规定，私立学校、普通学校或职业教育学校提供的服务，与公立学校具有可比性，则免征增值税。向公众提供普通教育或职业教育课程的非营利组织的收入也免征增值税。这些免征增值税的组织不得向客户收取增值税，也无法弥补已支付的增值税，形成一项费用。任何在公立学校或其他免税学校提供服务的教师，提供各种形式的讲座、课程或科学教育的公司及协会，如果为职业教育教授通识课程和职业技能课程，可以提供在公立学校从事类似活动的证明，也免征增值税。就电子化教育而言，如果可以同时为所有参与者提供课程而不是以个性化的方式授课，则不需要教室，因此与教育无关的活动（如在食堂出售食物）则不得免税。

增值税指导方针列举了目前得到免税待遇的机构和课程，如职业进修研究所、商业学校、农村进修学院、经济研究会进修学院及建筑业考试预备课程等。也列举了一些不适用免税政策的教育培训活动，如计算机课程、个性化私人指导、驾驶学校、舞蹈学校、远程教育或私人教育课程。图书、报纸和杂志作为敏感性商品适用 10% 的低税率。

5.2.5.2 对企业教育和培训的税收优惠

自 2000 年起，无论公司的法律形式如何，奥地利雇主都可以申请额外的培训费用免税。包括非法人企业或法人企业，公司里的所有雇员，不论职位、年龄或具体培训内容等，企业都可以从应税收入中扣除培训的实际费用，并在此基础上扣除按照实际支出的 20% 的附加费用。企业若没有获得足够利润享受 120% 免税额，也可以申请实际费用 6% 的税收抵免。这两项税收优惠是为了促进企业对人力资源的投资，促进对实际资本与人力资本的平等对待。

对于外部提供的培训，符合要求的实际费用包括课程费、培训费、租用培训场地和学习资料的支出，不包括住宿费和差旅费。外部培训提供者必须是在教育和培训方面开展重要商业活动的组织和机构。对于内部培训，法律规定了几项特殊要求：培训必须是企业独立部门，且不得为外部人员（非员工）提供培训服务；培训机构必须具有一定程度的独立性；培训方法必须有正式的内容和组织。符合条件的培训费用包括培训的直接费用（报酬、租金费用等）和间接费用（固定费用、折旧等），每项开支每天不得超过 2 000 欧元。

WKO（2006）提到，只有在 2003 年 1 月 1 日前开始学习的学徒才能申请免税。每个学徒最多 4 380 欧元，需要分三次提出申请：学徒制开始（签订合同）时为 1 460 欧元；学徒期结束时为 1 460 欧元；学徒考试成功时为 1 460 欧元。第二部分和第三部分在多数情况下是在同一年提出申请。2002 年 1 月 1 日及以后学习的学徒可以申请税收抵免。对每一年的学徒期（通常学徒期为2—4年），该公司最多可获得1 000欧元的抵免额。如果学徒劳动市场发生变化，额度可以提升为2 000欧元。税收抵免是在纳税评估时提出，计入公司税务账户，不依赖于利润，可以结转使用。免税和税收抵免不能在同一年度提出，公司可以在一年申请税收抵免，在另一年申请免税。

5.2.5.3 对个人教育和培训的税收优惠

根据所得税法，培训费用作为与收入相关的支出，可以从税基中扣除，减少应税收入。当教育和培训费是有关职业的基本培训（当教育有助于获得知识并使之将来能够从事某一职业）、进一步的培训活动（从事一项职业活动，教育有助于提高个人在从事该职业方面的知识和技能）或综合再培训活动（综合的教育培训有助于参与新的职业活动）的费用，则教育和培训费可作为与收入相关的支出扣除。基本培训、进一步培训或再培训提供的各种基本培训，根据个人实际情况确定。

与工作相关的费用，如课程费、课程材料、工作工具（个人电脑按比例计算的费用）、差旅费、工作津贴及住宿费等可以扣除。相反，与个人福利相关的培训费用无法报销。如获得驾驶执照、体育课程或个性发展培训发生的费用。退休金领取者由于没有工作，任何类型的教育活动（职业基本培训、进一步培训或再培训）均不能作为与收入相关的支出扣除，退休人员重新获得工作的除外。缴纳个人所得税的个人必须在其年度申报表中填列这些费用，没有扣除上限。基本培训、进一步培训及再培训费用可以在发生年度扣除，前提是必须提供相关证明文件。如果培训费超过收入，超出费用不能跨年度结转。

所得税法的修订草案引入一种更为灵活的办法（Wagner and Lassning，2006），最新规定考虑了与个人专业领域有关的所有培训费用及更广泛的职业再认证的长期培训费用。提出修订的原因是考虑职业变动，使雇员就业更为灵活。再培训包括IT课程、商业相关课程、语言课程和职业夜校等。普通教育、学术教育及用于私人目的的再培训费用不得扣除。

5.2.6 芬兰 VET 税收政策

芬兰税收制度主要包括所得税（包括企业所得税和个人所得税）和增值税。在芬兰，基础教育是免费的，高中教育（包括普通教育和职业教育）、理工学院或大学不收学费，学生只须支付课本费、旅行费及餐费。私立学校很少，由非营利组织管理，不能收取定期费用，资金主要来源于国家拨款。由国家资助的私营组织提供的职业、中等和高等教育均免费。

5.2.6.1 对教育和培训提供者的税收优惠

芬兰公共或公共资助机构提供的教育服务、高等教育机构提供的进修和继续教育服务免征增值税，如开放大学课程或定制的培训方案。这项优惠仅适用于教育，不适用于研究活动，因此大学不必就教育服务缴纳增值税，但需要对所有的研究服务缴纳增值税。公立学校、高等教育机构和提供教育的私营机构免征增值税。非法律组织的教育或培训机构不允许免税，按照 22% 的税率征收增值税。对图书、文化服务及娱乐活动适用 8% 的低税率，订阅报纸适用零税率。

在个人所得税立法中没有针对教育和培训提供者的特殊税收待遇。企业所得税法也没有对私立和非营利教育机构的特殊待遇，唯一的豁免是与国家资助的公共机构（如大学）有关。所得税法规定，芬兰公立大学（连同芬兰银行和国家广播公司 YLE 等机构）免征所得税。成人教育中心和理工学院归市政府所有，由国家拨款，也免征所得税。部分免税社区是国家机构，仅就来自农场和庄园的收入、不用于共同目的的其他财产收入及来自工业和其他公司的收入，有义务向市政府和教会缴纳所得税，但不向国家缴纳所得税。

5.2.6.2 对企业教育和培训的税收优惠

在芬兰，企业有权扣减补充培训和在职培训的费用（维持和发展当前就业所需技能，以满足雇主的利益），这些费用在计算利润时可以全额扣除。企业获取或维持收入的费用可在营业税中扣除，包括工资和补充培训费用。从企业的角度，有两种主要类型的培训活动（OPM，1999）。如果一家公司支付雇员学位（证书）学习（在高中、职业或高等教育学院获得硕士或博士学位）所需费用，即使是为了雇主的利益，也不能在企业所得税中严格扣除。然而在实际情况下，这些费用作为工资可以在营业税中扣除，而雇员必须根据教育的财政价值缴纳所得税。公司为员工保持和发展符合公司利益的技能而提供补充培训服务支出的费用，作为企业获取收入而发生的费用，可以在营业税中全额扣除。无论培训提供方的法律地位、培训持续时间、培训课程、提供商是否经过认证，补充培训费用均可扣除。

5.2.6.3 对个人教育和培训的税收优惠

芬兰纳税人在维持专业/职业技能的费用超过620欧元时有权扣除。此外，助学贷款补助适用于从银行贷款资助学业的纳税人，在超过2 500欧元但不超过贷款额的30%的部分，可以每年从其总收入中扣减分期付款额。对所得收入征税，可以扣除的与工作有关的费用的标准也是620欧元。此外，纳税人获取收入和维持专业或职业技能的费用也允许扣除。获得和维持就业收入的费用，不包括支付给就业组织的旅行费或会员费。生活费用（公寓租金、托儿费等）不能扣除，完成基础教育和获得学位相关的费用通常被视为生活费，因此不能扣除。当然，特殊情况下与基础教育有关的费用可以扣除。

公司提供的培训通常对雇员免税，条件是培训对雇员保持或发展其工作中的技能是必要的，因此硕士学位或博士学位被认为是免税的，如果培训不免税，则视同工资，作为收入纳税。除员工基本教育水平外，决定培训是否纳税取决于对公司的利益。如果培训的主动权来自公司，且从公司的角度来看是必要的，则培训不被视为应纳税的收入，对雇员是免税的。

对在规定时间内通过资格考试的纳税人提供学习贷款津贴，纳税人有权每年从其总收入中扣除支付学习贷款分期付款的费用，最多可扣除超过 2 500 欧元的贷款总额的 30%，这项措施只适用于 2005 年秋季学期及以后在大学或理工学院开始学习的学生。国家担保的学习贷款利息可以全额扣除，数额不受限制。

最后一项是与教育有关的社会福利免税，如学生的住房福利或国家资助的学徒学生福利免税。

5.3 职业教育发展的国际经验与启示

与发达国家成熟双创战略推行模式和职业教育体系不同，我国目前在政府顶层设计、政策保障方面不够完善，企业及社会组织参与的激励措施尚未真正建立，高校及社会公众对双创教育的积极性没有被完全激发。基于我国当前供给侧改革和产业结构升级转型期对人才的需求和双创教育现状，借鉴发达国家经验，在职业教育中进一步推进“产教融合、校企合作”，提高人才培养适用性，将是未来我国职业教育发展的主题。从以上国外实践经验对比分析看，我国双创型职业教育体系模式，可从以下发展路径来建设：

5.3.1 政策引领促进政府、行业企业、学校共生共长

一是政府制定相关政策及相关制度，促进地方政府、行业企业和院校形成协同共进、同生共长的生态环境，用政策引领统筹、试点示范先

行、行业领先标准，对“双创型”职业教育进行总体部署，完善相关教育制度，激发全社会创新创业热情，用法律法规进行规范促进，如新加坡各类“创业计划”，日本《国立大学法人法》《关于促进中小企业创造性事业活动的临时措施法》，美国《小企业创新发展法案》《贝赫—多尔大学和小企业专利法案》等，从法律法规和国家计划角度优化双创环境，为双创快速发展保驾护航。

二是加强行业职业教育教学指导委员会等专家组织建设，提高行业指导能力，充分发挥专家组织的研究、咨询、指导、服务作用。设立一批社会服务型产业紧缺领域教育研究项目，开展专题研究，为加快社会服务业人才培养提供理论支撑与智力支持。

三是及时出台诸如财政、税收等政策激励企业与学校合作，鼓励社会资金流入“双创型”职业教育领域；引导企业深度参与职业教育创新创业教育教学改革，多种方式参与学生创业规划、教材开发、教学设计、课程设置、创新实训实习方式，从而促进企业需求融入人才培养整个环节；鼓励创新型企业积极参与校企合作育人，有利于行业企业发展技术创新和对专业人员的培养。

四是及时完善教育制度，促进学校在“双创型”职业教育中发挥主体作用，根据双创需要完善课程体系，优化教学过程。以开放教育体系为例，适应当前国家提倡的双创教育、职业教育发展新形势，充分发挥现有办学优势，加快信息化学习资源和平台建设，将创新创业思想融入课程体系，探索建立面向社会服务型产业从业人员的现代远程教育教学及构建服务终身学习的职业教育支持服务模式。

5.3.2 建立协同发展的职业教育集团联盟

以服务地方创新创业需求为导向、推动区域经济发展为目标，探索建立职业教育集团联盟，强化职业教育区域联盟中政府、行业企业、学校、科研院所和社会组织的协调配合，汇集各方优势资源，建立共同决策的组织结构和决策模式，促进集团联盟内部深度合作、紧密运行和协同发展，实现人力、设备、资金、市场、技术、信息和文化等资源共建共享，促进职业院校、行业、企业与区域间的优势互补。促进职业教育联盟内校企间、校校间、校地间、企业间、区域间合作共赢，打造“双创型”职业教育集团化合作办学的大平台战略协同发展模式，建立行业部委、地方政府、高层次科研机构、国际合作伙伴等协同参与建设的行业领先的创新创业生态系统。

5.3.3 建设产教融合型企业，推动校企深度合作

党的十九大报告明确指出要“完善职业教育和培训体系，深化产教融合、校企合作”。实现职业教育内涵式发展，要深入推进供给侧结构性改革，全面实施创新驱动发展战略，支持企业与职业院校以股份制、混合所有制等形式合作共建产业学院、创业园、创业孵化基地、众创空间，合作开设相关专业，鼓励创新创业带动就业，将社会服务产业紧缺领域等作为校企合作重点领域，促进教育链、人才链与产业链、创新链有机衔接，优先考虑建设产教融合型企业的创新项目、职业教育校企深度合作项目等，面对新时代发展需要、面向全社会服务需求，培养应用型、创新型、复合型的创新创业人才队伍，建设服务与支撑产业化发展需求的技术技能人才和创新创业人才培养体系，实行现代“学徒制”“订单培养”等模式，协同创新服务项目，开展技术研发，有效利用地方及大学科技园、高校和科研院所的资源，支持和鼓励企业承接教师实践锻炼和学生见习实习。

5.3.4 重构院校“双创型”职业教育工作体系和重心

一是打造理论和实践集于一体的“双创型”职业教育师资队伍。师

资队伍水平是决定“双创型”职业教育水平的关键因素。根据以上发达国家经验，“双创型”师资大多由成功企业家或企业有经验的管理层人员担任。就我国产业发展与专业设置需求实际来说，未来将引导院校建立职业教育双创专家资源库，支持引进行业、企业的技术型人才兼职任教，探索产业导师、创新创业导师等联合培养学生制度；支持社会服务相关专业领域符合项目式、模块化教学需要的职业教育教师组建教学创新团队；提高职业院校教师创新创业素质，聘请行业专家、技术专家、知名校友、具有成功创业实践经验的企业家或管理人员加入创业导师团队；联合大中型企业，合作建设“双创型”职业教育教师培养培训基地，定期选派教师参加定向培训、交流活动，积累实践经验，加强职业技能培训；探索建立符合“双创型”职业教育专任教师的评价标准体系和专业技术职务（职称）评聘办法。

二是搭建“双创型”职业教育课程专业集群。“双创型”职业教育的实践性、适用性决定了其课程发展和建设方向。职业教育院校分属于不同地区，各院校应根据自身地理位置和地方经济发展需求制定人才培养方案，调整双创教育目标要求，深入创新链、产业链、技术链搭建职业教育双创课程专业集群，促进职业教育与双创教育有机融合，挖掘和整合双创教育专业集群课程的教育资源。开设系统化、前沿的双创专业知识、创业基础教育、就业创业指导等方面的选修课和必修课，统一纳入学分管理。积极引入企业真实项目和案例，结合社会发展需求、地方特色开发以服务于地方经济发展的课程专业集群。如服务于特定区域、特定行业而开设护理服务、家政服务、老年服务、智能养老服务、健康医疗服务与管理等系列职业教育课程专业集群，它们建立于创新链、产业链、教育链基础上，根据职业教育人才培养需要形成相互联系、相互补充的学科专业集群，通过有机链接形成人才培养、科技创新、成果转化、智库建设、创新创业教育等功能的集成。

三是建设国家职业教育“学分银行”，积极实施“1 + X”证书制度。

《国家职业教育改革实施方案》提出，将职业技能等级标准有关内容及要求融入专业课程教学，优化专业人才培养方案，职业院校必须从服务全社会大众创业、万众创新的需求出发，对学生学历证书、社会培训、职业技能等级证书所产生的学习成果，对学生参与国际国内双创大赛所获成绩，对学生的技术创新及发明专利等进行登记、认定、转换和存储，将结果计入个人终身学习账号，通过对学习成果的认定、积累和转换，推动职业教育学历证书和技能等级证书互通衔接，彻底解决职业教育存在的发展不平衡不充分、人才培养技能单一等长期困扰学校的问题，打通创新型、复合型技术技能人才成长通道，服务于终身教育及终身学习体系建设。

5.3.5 搭建双创成果转化、知识产权保护一体化服务平台

一是职业院校支持有意愿参与创新创业和具备潜能的学生转入相关专业学习，实施弹性学制，放宽学生修业年限，允许调整学业进程、保留学籍休学创新创业，鼓励学生参加双创大赛并引导和帮助学生将优秀成果进行成果转化。

二是积极搭建成果转化平台，面向教师和在校生开展知识成果、科技成果、双创成果、技术发明专利等定期申报工作，加速职业教育体系成果转化和技术转移，促进科技、产业、投资融合对接，鼓励高校、科研院所建设专业化技术转移机构。

三是职业院校成立相关创新创业服务指导中心、知识产权服务中心，搭建成果转化一站式服务平台，从创办企业、商标注册、专利申请、产权保护、法律咨询、投资融资等方面为教师和学生创新创业提供咨询、项目推荐、市场动向及最新政策解读等，解决创业中可能遇到的难点。

四是打造双创文化氛围。成果示范最具说服力，通过开展创业讲座活动，教授创业方法、举办创业沙龙、创业论坛、双创周等活动，为学生创业交流提供机会；积极宣传创新创业文化，充分利用社交媒体网络，

弘扬创新创业精神，在全社会形成创新创业文化氛围，提升学生创新创业能力、增强知识产权保护意识，加强职业院校创新创业软环境建设，优化激励机制，共享创新资源，推动全社会职业教育创新创业成果向现实生产力转化。

5.4 职业教育财税政策的国际经验与启示

国外职业教育税收政策的梳理本书以欧盟成员国中的德国、爱尔兰、法国、荷兰、奥地利和芬兰的教育及培训税收政策为代表进行归纳总结，从对教育和培训提供者的税收优惠、对企业教育和培训的税收优惠、对个人教育和培训的税收优惠三个方面进行介绍。

5.4.1 对教育和培训提供者的税收优惠

从增值税来看，对教育和培训提供者提供与教育和培训有关的一般活动免征增值税，如提供儿童教育、青少年教育、大学教育、职业培训或再培训，包括提供与教育密切相关的服务和商品（见表5－1）。

表5－1　各国对教育培训提供者的税收政策——增值税①

国家	政策
德国	公立教育培训机构免征增值税，私营教育机构若得到官方认可，免征增值税；收入用于支付成本，且教学大纲符合公共要求
爱尔兰	提供教育和培训服务免征增值税，无论公立或私立性质

① 资料来源：CEDEFOP，Using tax incentives to promote education and training，Luxembourg：Office for Official Publications of the European Communities，2009.

续表

国家	政策
法国	普通教育活动免征增值税，无论提供者的法律地位如何。公立机构提供的职业继续培训免征增值税，私营职业继续培训机构经政府部门认证后免征增值税
荷兰	教育和培训提供者免征增值税，不论其法律地位如何
奥地利	公立教育和培训机构免征增值税。私立学校以及其他提供普通或职业教育和培训的机构，只要其课程与公立学校的课程可比，即免征增值税
芬兰	依法提供教育的公立学校、高等教育机构和私营机构免征增值税。非法律组织的教育培训提供者不允许有任何豁免，按照22%的税率征收增值税

从所得税来看，德国、爱尔兰、荷兰、奥地利和芬兰私立教育和培训提供者负有企业所得税纳税义务，公立教育则不需要；法国只有进行职业培训活动的私立提供者才负有企业所得税纳税义务（见表 5－2）。

表 5－2　各国对教育培训提供者的税收政策——企业所得税[①]

国家	政策
德国	德国私立教育和培训提供者必须履行企业所得税纳税义务，公立提供者则不需要
爱尔兰	提供教育和培训的私营企业按其利润缴纳标准的公司利得税，而公立提供者则免税
法国	符合国家规定标准的公立和非营利性教育机构免征企业所得税。提供继续职业培训的公立和非营利性实体也免征企业所得税，而私立提供者负有企业所得税纳税义务
荷兰	提供教育和培训的私营企业、基金会和协会负有企业所得税纳税义务，而公立提供者则免征企业所得税

① 资料来源：CEDEFOP，Using tax incentives to promote education and training，Luxembourg：Office for Official Publications of the European Communities，2009.

续表

国家	政策
奥地利	私立教育和培训提供者负有企业所得税纳税义务，公立提供者则免征企业所得税
芬兰	州资助的公立机构，如成人教育中心、理工学院和大学，免征所得税。在个人所得税或企业所得税立法中，没有针对私人或非营利教育和培训提供者的特殊税收待遇

5.4.2 对企业教育和培训的税收优惠

就企业所得税而言，对于6个国家来说，企业以经营为目的支付的职工教育和培训费用支出，可以作为经营成本从应纳税利润中100%扣除，减少应纳税收入（见表5－3）。这类教育和培训费用只是众多支出（薪金/工资、旅费/生活津贴等）中的一项，雇主可在计算利润时将其列为可扣除的开支，因此不能视为一项税收优惠。

表5－3　各国对企业教育和培训的税收政策——企业所得税①

国家	政策
德国	企业为职工支付的培训费用以及为企业利益支付的培训费用，作为营业费用，减少企业的应纳税所得额。否则，培训费用将视为实物支付，企业不得扣除
爱尔兰	职工的培训费用可从公司的利润中扣除，但培训费用必须以经营为目的。如果培训是为雇员的个人发展而提供，企业则不能扣除
法国	以经营为目的支出的教育培训费用，超过法律规定的限额时，企业可从利润中扣除
荷兰	以经营为目的的企业对员工的教育培训的费用，企业可以从利润中扣除

① 资料来源：CEDEFOP，Using tax incentives to promote education and training，Luxembourg：Office for Official Publications of the European Communities，2009.

续表

国家	政策
奥地利	企业为员工支付的符合企业利益的培训费用，按其他业务费用处理，减少了利润和税收
芬兰	雇主支持的培训活动（补充或在职培训费用）可全部从利润中扣除，以维持或发展雇员在当前职位的技能。相比之下，企业用于员工基础教育或培训（学位/证书学习）的费用，即使符合雇主的利益，也不能从企业的利润中扣除

由企业支持的培训活动会对职工的个人所得税产生影响。在爱尔兰，某些情况下，税务机关可以将培训费用视为企业提供的一种实物福利，影响职工的个人所得税。在芬兰，企业为职工提供的培训被认为是免税的，条件是这些培训是为了维持或发展职工从事目前工作的技能所必需的，并且培训来自于企业（从企业的角度来看是必要的）。相反，由企业支付的面向学位证书的学习费用通常被视为工资的一部分，因此，作为劳动收入征税，即使培训的费用来自于企业。这将影响职工参加此类培训活动的意愿。

5.4.3　对个人教育和培训的税收优惠

在选取的国家中，采取了共计 12 项税收激励措施以促进个人参与职业教育与培训活动。虽然 12 项税收激励措施的主要目标有所差异，但是出发点都是鼓励个人或其家庭成员进行职业教育与培训。其中，德国、奥地利和荷兰的一些措施主要针对的是有应税收入的个人开展职业教育与培训；法国对学徒工资免征所得税，促进学徒制的推广；其他对于学生个人的税收激励措施似乎更加有利于普通教育，特别是高等教育，如法国对高等教育费用的所得税抵免及对高等教育学生贷款利息的的税收抵免。针对学生本人的税收激励措施主要采取学费减免、学徒工资及勤工俭学工资免征所得税等。

表 5－4　　对个人的税收激励及主要目标①

国家	税收激励类型	税收激励的主要目标
德国	1. 扣除与收入有关的教育培训费用 2. 教育培训费用作为特殊费用扣除 3. 减免私立学校子女的学费	1. 鼓励个人在教育培训方面的支出 2. 鼓励个人在教育培训方面的支出 3. 支持纳税人子女在私立学校学习
爱尔兰	减免学费税款	为参加培训的个人提供经济支持
法国	1. 用于高等教育和中等教育的教育费用的所得税抵免 2. 对高等教育学生贷款利息的税收抵免 3. 对学徒工资免征所得税 4. 学生在学校或假期勤工俭学的工资免征所得税	1. 支持有子女在中学或高等教育机构学习的纳税人 2. 向学生提供银行贷款以资助高等教育 3. 在法国推广学徒制，提高法国年轻人的购买力 4. 改善在职学生的经济状况
荷兰	教育费用扣除	通过减少个人教育和培训的费用，促进成人对终身学习活动的参与
奥地利	将培训费用作为与收入有关的费用扣除	鼓励个人进行与收入相关的教育培训支出
芬兰	1. 与维护专业或职业技能的有关的可列支的费用 2. 学习贷款补贴	1. 帮助个人维持其专业/职业技能 2. 鼓励学生用学习贷款取代带薪工作，使其在更短的时间内毕业

① 资料来源：CEDEFOP，Using tax incentives to promote education and training，Luxembourg：Office for Official Publications of the European Communities，2009.

第6章 税收增长、财政分权与地方职业教育投入

6.1 引　言

在全面建设社会主义现代化国家新征程中，职业教育前途广阔、大有可为。职业教育是培养技术技能人才、促进就业创业创新、推动中国制造和服务水平的重要基础①。《职业教育提质培优行动计划（2020—2023年）》提出，通过建设，职业教育与经济社会发展需求对接更加紧密。教育作为与整个社会经济、财政体制密切相关的领域，良好的财政状况有助于实现高水平的教育投入。税收作为地方财政最主要的收入来源，税收收入的增长也将对教育发展产生深远影响。

自1994年分税制改革以来，中国财政分权体制逐步形成，财政教育制度也开始实行“国务院领导下的地方政府负责、分级管理、以县为主”的管理体制，使得区域教育事业发展获得可靠的保障，充分调动了地方政府举办教育的积极性。关于财政分权是否促进地方职业教育投入，已有相关研究，主要分为两种观点：一是财政分权对地方政府教育支出

① 中华人民共和国中央人民政府，习近平对职业教育工作作出重要指示，http：//www.gov.cn/xinwen/2021－04/13/content_5599267.htm。

具有负向影响。陈志勇、张超（2012）从收入分权和支出分权角度考察财政分权对地方政府教育支出的影响，发现财政分权与地方政府教育支出存在显著的负相关关系。周亚虹等（2013）发现以财政自主度衡量的财政分权显著减少了地方政府的公共教育供给。史桂芬等（2016）研究发现财政分权度的提高，公共教育支出下降的规模逐渐变小，财政分权度与公共教育支出呈现负相关关系，随着财政分权程度的提高，这种影响相对降低。吴华溢（2018）研究发现中国式财政分权对高等职业教育投入具有负向影响，财政分权度越高，对高等职业教育投入的比重越低。二是财政分权有利于地方教育支出。李鼎、赵文哲（2013）研究发现财政支出分权有利于扩大地方政府预算内和预算外教育支出，收入分权不利于地方政府预算内教育支出，但有利于预算外教育支出，对于经济落后地区尤为如此。高波等（2015）研究表明财政分权体制下，财政性教育支出占财政支出比例略有上升，提高了基础教育的供给质量，东部、西部地区财政分权和城镇化对公共教育供给的影响与全国一致，中部地区相反。因此，财政分权是否有助于促进地方政府职业教育投入、税收增长对职业教育是否有促进作用仍值得探讨。

相比已有文献，本书可能的贡献在于以下三个方面：第一，从税收增长与财政分权相结合的视角研究税收增长以及财政分权是否有助于地方职业教育发展，拓展了现有研究财政分权对地方教育投入的影响的研究。第二，为税收增长、财政分权“有利”或“有弊”的影响提供新的分析视角。关于财政分权的影响后果，现有研究结论莫衷一是，本书从税收增长视角为财政分权存在“有弊”的影响的观点提供了实证支持。第三，从税收增长视角探究地方职业教育投入的影响因素，对于促进地方职业教育发展具有重要的现实意义。

本书其余部分结构安排如下：第二部分是理论分析及研究假设；第三部分是研究设计；第四部分是计量结果及实证分析；第五部分是结论。

6.2　理论分析及研究假设

6.2.1　税收增长与公共品提供

1994 年分税制改革以来，中国税收收入持续高速增长，1995—2008 年税收增长率平均是 GDP 名义增长率的 1.47 倍，称为中国税收高速增长之谜（吕冰洋，2009）。有学者提出需要调整税收结构，实行结构性减税，减轻税收负担（高培勇，2009），但也有学者认为，研究最优税负问题不应只关注税负的高低，忽略公共支出对经济的促进作用，通过估计计算，我国最优宏观税负为 20%，宏观税负还有提高的空间（马拴友，2001；李永友，2004）。税收与公共支出从来都不是两个孤立的问题（金戈，2010）。税收与公共支出实际上是一枚硬币的两面（Wicksell，1896；Lindahl，1919），一方面，政府向公民征税，减少公民可支配收入，扭曲了相对价格，降低经济运行效率；另一方面，税收为地方政府提高公共品供给创造了条件，带来外部经济（李涛等，2011）。

对于税收增长有助于地方公共品提供的研究：Park（1998）考虑了两个部门，政府通过税收收入在竞争性市场上购买科教投入所需的人力资本，科教支出影响经济增长，因此，税收间接影响经济增长，但是若政府征收的税率过高，会产生扭曲，阻碍经济增长。Del Granado 等（2005）使用 45 个国家 1972—2000 年的面板数据证明，地方政府的财政收入占总财政收入比例越高，教育支出占总公共支出的比例越高。赵怡虹、李峰（2009）发现地方政府财政能力差异是地区基本公共服务不均等的重要根源。

基于以上分析，本书提出如下假设。

假设1：税收增长对地方职业教育投入具有正向影响。

6.2.2 财政分权与人力资本投资

地方政府具有信息优势，更加了解当地居民对于公共服务的需求偏好，相比中央政府更适合提供公共服务（Hayek，1945）。传统分权理论认为，分权有助于地方政府提供地方性公共品的激励（Tiebout，1956）。在财政分权体制下，再当选的压力会降低地方执政者的寻租倾向，提高地方政府决策的责任感和有效性（Seabright，1996）。一方面，财政分权体制在静态下的资源配置效率有利于促进本地人力资本积累，动态下将传导到经济增长（Oates，1993）。另一方面，相对于集权化，财政分权化体制更有助于满足地区间或地区内差异化的教育服务需求，因而可以通过私人教育投资促进人力资本积累（Cerniglia and Longaretti，2013）。当然，分权体制下的政府间横向竞争可能导致地方政府采取低税率甚至“逐底竞争”，导致税源流失，进而导致包括人力资本投资在内的公共品供给的不足。

关于财政分权是否能够有效增进地方公共品的供给，国内外学者进行了大量的研究。国外研究大都认为分权促进了公共教育投资（Faguet，2004；Barankay and Lockwood，2007；Faguet and Sanchez，2008；Kalirajan and Otsuka，2012；Susan and Carlos，2019）。国内研究中多数认为分权不利于教育投入（郑磊，2008；龚锋、卢洪友，2009；傅勇，2010；陈志勇、张超，2012；史桂芬等，2016；崔志坤、张燕，2017），当然也有研究认为分权有利于教育供给（王蓉、杨建芳，2008；陈硕，2010；李鼎、赵文哲，2013；杨良松，2013；谭之博等，2015；高波等，2015；储德银等，2018）。

基于以上分析，提出假设2：财政分权可以作为税收增长影响职业教育投入的渠道。

6.2.3　区域差异与地方政府行为

中国地方政府支出效率存在显著的地区差异，西部地区的政府支出效率远低于东中部地区，1994 年分税制改革以后，地方政府平均支出效率得到显著改善，东部和西部地区政府支出效率得到明显提高，中部地区支出效率没有进步。由初始条件造成的各地区不同的地理环境和人口禀赋等不可控因素在东中西部地区政府支出效率差异形成中起着很大的作用（陈诗一、张军，2008）。在禀赋异质的情况下，初始条件较好的地区将投入更多资金改善投资环境，初始条件包括自然资源、地理优势、人力资源禀赋、物质性基础设施等（Cai and Treisman，2005）。相比发达地区，欠发达地区因受限经济发展压力和自有财力的欠缺，导致其对追加地方性公共品投入的能力和激励均不足（赵永辉、付文林，2017）。在教育系统中，区域经济为职业教育提供物质保障与经费支持，从而促进职业教育发展；职业教育通过培养劳动力、提高劳动力的生产效率间接推进经济增长，职业教育与区域经济存在复杂的双向交互关系（朱德全、徐小荣，2014）。

孙玉环、季晓旭（2014）研究表明，对于经济基础好、居民文化素质较高的省份，GDP 对教育投入的弹性较大，教育与经济增长之间表现为良好互动，在中西部地区则不然。张男星等（2014）研究发现，我国高等教育的发展状况存在明显的区域差异，东部省份的高等教育综合发展水平普遍高于中部和西部省份；同时，在东、中、西部地区内部，各省份在高等教育综合发展水平上存在一定的差异。蔡文伯、杨丽雪（2018）发现，我国区域高等职业教育财政支出的差异有所下降，但高等职业教育发展仍存在较大的差距。

基于以上分析，提出假设 3：税收增长、财政分权对职业教育教育投入影响存在区域异质性。

6.3 研究设计

6.3.1 模型设计及变量说明

6.3.1.1 模型设定

为检验税收增长、财政分权对地方职业教育投入的影响，建立如下面板数据模型：

(1) 地方税收增长与职业教育投入。

$$edu_{it} = \alpha_0 + \alpha_1 tax_{it} + \alpha_2 X_{it} + \mu_i + \mu_t + \varepsilon_{it}$$

其中，下标 i、t 分别表示第 i 个省份和第 t 年的观测值；被解释变量 edu_{it} 表示地方政府职业教育投入的规模；解释变量 tax_{it} 表示地方税收收入增长规模。X_{it} 为其他控制变量，具体包括各省的人均 GDP（$lnGDP$）、城镇化水平（ur）、政府经济开放竞争度（$comp$）、产业结构（ind）以及地方教育需求（en）。μ_i 和 μ_t 分别表示省份固定效应和年份固定效应。ε_{it} 表示随机误差项。

(2) 财政分权的调节效应。

$$edu_{it} = \beta_0 + \beta_1 tax_{it} + \beta_2 DC_{it} + \beta_3 DC_{it} \cdot tax_{it} + \mu_i + \mu_t + \varepsilon_{it}$$

其中，DC_{it} 表示财政分权程度，其他变量的定义与前文保持一致。

6.3.1.2 变量定义

(1) 被解释变量。

本书选取各省高等职业教育预算内支出占地方预算内教育经费支出的比重作为被解释变量（edu），代表地方政府职业教育支出的规模。

(2) 解释变量。

本书选取地方本级税收收入占地方一般预算支出的比重作为解释变

量（tax），代表地方本级税收收入的增长对地方一般预算支出的贡献程度。

（3）调节变量。

本书选取财政分权作为调节变量。陈硕、高琳（2012）根据已有文献，对财政分权的度量总结如下：收入分权指标计算为财政分权$_{it}$ = 省本级预算内财政收入$_{it}$ ÷ 中央本级或全国财政预算内收入$_{it}$；支出分权指标计算为财政分权$_{it}$ = 省本级预算内财政支出$_{it}$ ÷ 中央本级或全国财政预算内支出$_{it}$；财政自主度$_{it}$ = 省本级预算内财政收入$_{it}$ ÷ 省本级预算内财政总支出$_{it}$。

本书借鉴吴华溢（2018）对于财政分权的测度方式，采取收入分权（DC_inc）= 地方高等职业教育预算内收入 ÷ 全国高等职业教育公共财政预算收入；支出分权（DC_exp）= 地方高等职业教育预算内支出 ÷ 全国高等职业教育公共财政预算支出。在稳健性检验中，财政分权指标测度采取收入分权（fis_inc）= 地方财政一般预算收入 ÷ 中央一般公共预算收入；支出分权（fis_exp）= 地方财政一般预算支出 ÷ 中央一般公共预算支出。

（4）控制变量。

此外，在已有文献的基础上，本书结合高等职业教育的特点选取了人均 GDP（$lnGDP$）、城镇化水平（ur）、教育需求（en）、政府经济开放竞争度（$comp$）及产业结构（ind）作为控制变量，具体变量定义见表6-1。

表6-1　变量说明

被解释变量	职业教育投入（edu）= 地方高等职业教育预算内支出 ÷ 地方预算内教育经费支出
解释变量	税收收入（tax）= 地方本级税收收入 ÷ 地方一般预算支出
调节变量	收入分权（DC_inc）= 地方高等职业教育预算内收入 ÷ 全国高等职业教育公共财政预算收入 支出分权（DC_exp）= 地方高等职业教育预算内支出 ÷ 全国高等职业教育公共财政预算支出

续表

控制变量	人均 GDP（*lnGDP*）：*lnGDP* = *ln*（人均地区生产总值元人） 城镇化水平（*ur*）：*ur* = 年末城镇人口 ÷ 年末常住人口 教育需求（*en*）：地方普通高等学校专科在校学生数 ÷ 地方普通高等学校在校学生数 政府经济开放竞争度（*comp*）：*comp* = 外商投资企业进出口总额 ÷ 全国外商投资总额 产业结构（*ind*）：*ind* = 1 − 第一产业增加值 ÷ 地区生产总值

6.3.1.3 数据来源与变量描述

本书使用 2007—2019 年中国 30 个省级行政单位的面板数据（不含西藏自治区），数据来源于中国研究数据服务平台（CNRDS）、相关年度的《中国统计年鉴》《中国教育经费统计年鉴》。各变量的描述性统计结果见表 6－2。

表 6－2　描述性统计分析

变量	观测值	均值	标准误	最小值	最大值
edu	450	0.033	0.013	0.002	0.104
tax	419	0.383	0.185	0.107	0.906
DC_inc	450	0.033	0.023	0.002	0.123
DC_exp	450	0.033	0.024	0.002	0.154
lnGDP	480	10.5	0.653	8.528	12.013
ur	479	0.547	0.139	0.269	0.942
en	479	0.41	0.083	0.12	0.619
comp	450	0.033	0.067	0	0.335
ind	480	0.894	0.057	0.673	0.997

6.3.2 实证结果

6.3.2.1 基准回归结果

首先，检验税收收入增长与地方职业教育投入之间的关系。表6－3中的（1）、（2）列显示，无论是否加入控制变量，税收收入的回归系数都在1%的水平上显著为正，说明税收收入增长对地方职业教育投入都具有正向影响，因此，本书的假设1得到了实证支持。具体来看，表6－3中的（1）列是在不控制任何变量的情况下的回归结果，第（2）列是在加入控制变量的情况下的回归结果，结果表明税收收入每增加1个单位，地方职业教育投入增加0.06个单位。可以说地方政府税收收入增加的同时也会更愿意增加对职业教育的投入，对职业教育发展提供积极支持。

其次，从财政分权的角度检验税收增长影响地方政府职业教育投入的机理。表6－3的（3）、（4）列显示，无论是否加入控制变量，税收增长与收入分权交互项（*interaction*1）的回归系数都在1%的水平上显著为负，说明税收增长对地方职业教育投入的积极作用随着收入分权程度的增加而受到抑制。第（4）列显示加入控制变量后，在不存在收入分权的情况下（即分权水平取值为0），税收增长的回归系数在1%水平上显著为正，说明地方职业教育投入随税收增长的增加而增加。同时，税收增长与收入分权的交互项（*interaction*1）系数在1%水平上显著为负，说明税收增长对职业教育投入的积极作用在收入分权水平较高的地区受到抑制。从经济意义来看，*interaction*1的系数为－0.99，即收入分权每提高一个单位，税收增长对职业教育投入的抑制作用增加0.99个单位，可见收入分权的调节作用也具有经济显著性。表6－3的（5）、（6）列显示支出分权的回归结果，不论是否加入控制变量，税收增长与支出分权的交互项（*interaction*2）的回归系数也都在1%水平上显著为负，说明税收增长对地方职业教育投入的积极作用随着支出分权程度的增加也受到抑制。(6) 列显示加入控制变量后，在不存在支出分权的情况下（即分权水平取值为0)，税收增长的回归系数在1%水平上显著为正，说明地方职业教育投入随税收增长的增加而增加。同时，税收增长与支出分权的交互项（*interaction*2）系数在1%水平上显著为负，说明税收增长对职业教育投入的积极作用在支出分权水平较高的地区受到抑制。从经济意义来看，*interaction*2 的系数为 -1.13，即支出分权每提高一个单位，税收增长对职业教育投入的抑制作用增加1.13个单位，可见支出分权的调节作用也具有经济显著性。因此，本书的假设2也得到了实证支持。总的来说，不论是收入分权还是支出分权，随着地方财政分权水平的提高，税收增长对地方职业教育投入的抑制作用随之增加，财政分权作为税收增长影响地方职业教育投入的渠道的观点得到了实证支持。

表6-3　　基本回归结果

变量			收入分权		支出分权	
	(1) *edu*	(2) *edu*	(3) *edu*	(4) *edu*	(5) *edu*	(6) *edu*
tax	0.08107*** (4.08)	0.05970*** (3.00)	0.05666*** (2.85)	0.06541*** (3.41)	0.04324** (2.26)	0.06101*** (3.82)
DC_inc			1.05964*** (6.43)	1.19528*** (6.83)		
*interaction*1			-0.77187*** (-3.62)	-0.99278*** (-4.15)		
DC_exp					1.12647*** (7.22)	1.32414*** (7.98)
*interaction*2					-0.83457*** (-3.88)	-1.12746*** (-4.93)
lnGDP		0.00362 (0.51)		-0.00745 (-1.37)		-0.00844 (-1.70)
ur		0.01237 (0.31)		-0.00731 (-0.25)		-0.00393 (-0.17)

续表

变量	收入分权				支出分权	
	(1) edu	(2) edu	(3) edu	(4) edu	(5) edu	(6) edu
en		0.02246 (0.92)		0.02637 (1.44)		0.01412 (0.82)
comp		0.15366** (2.36)		0.13338** (2.05)		0.09383 (1.40)
ind		−0.01859 (−0.51)		−0.03784 (−1.25)		−0.06973** (−2.34)
省份固定效应	Yes	Yes	Yes	Yes	Yes	Yes
年份固定效应	Yes	Yes	Yes	Yes	Yes	Yes
_cons	0.00320 (0.42)	−0.03116 (−0.49)	−0.01110 (−1.26)	0.08604** (2.30)	−0.00717 (−0.94)	0.12903*** (3.58)
N	390	390	390	390	390	390
R^2	0.72962	0.73883	0.85517	0.86623	0.87363	0.88768

注：* $p<0.1$，** $p<0.05$，*** $p<0.01$；回归结果基于省级层面聚类稳健标准误；括号内为 t 值。下同。

6.3.2.2　异质性分析结果

表 6−4 报告了税收增长、财政分权对地方职业教育投入影响的异质性分析结果。其中第（1）、（2）、（3）列显示，在分东部、中部和西部的分样本回归中，收入分权的系数至少在 5% 水平上显著，说明收入分权对分地区职业教育投入具有显著正向影响，而且分权程度对职业教育投入的作用随着地区的不同而存在差异，分权对西部地区职业教育投入的影响最大，对东部地区次之，对中部地区影响最小。税收增长及税收增长与分权的交互项对职业教育投入的影响在东部地区和中部地区虽不

显著，但是系数的方向与基准回归结果保持良好的一致性。

第（4）、（5）、（6）列显示，在分东部、中部和西部的分样本回归中，支出分权的系数至少在10%水平上显著为正，说明支出分权对地方职业教育投入具有正向影响，而且随着地区的不同存在明显差异。在东部样本回归中，税收增长的系数在10%水平上显著为正，税收增长与支出分权的交互项系数在5%水平上显著为负，表明在东部地区，税收增长对职业教育投入具有正向影响，支出分权对职业教育投入具有正向影响，但是税收增长对地方职业教育投入的积极作用随着支出分权程度的增加也受到抑制。同样的，在西部地区样本回归中，我们也得到类似的结果，地方职业教育投入随税收增长的增加而增加，随着分权程度加深而增加，但是税收增长对职业教育投入的积极作用在支出分权水平较高的地区受到抑制。总体而言，在分样本回归的结果与基准回归结果保持了较好的一致性，地方税收增长对地方职业教育投入确实存在异质性，无论是收入分权还是支出分权，地方税收增长对职业教育投入具有正向影响，财政分权对职业教育投入具有正向影响，但是随着分权程度的提升，税收增长对职业教育投入的积极作用受到抑制，因此，本书的假设3得到验证。

表6-4　　稳健性检验结果

变量	收入分权			支出分权		
	(1) 东部	(2) 中部	(3) 西部	(4) 东部	(5) 中部	(6) 西部
tax	0.07240 (1.61)	0.02778 (0.93)	0.14146*** (4.08)	0.06592* (1.83)	0.00270 (0.09)	0.14430*** (4.61)
DC_inc	1.38005** (2.50)	0.82733*** (3.85)	1.91075*** (6.84)			
*interaction*1	-1.13976 (-1.71)	-0.12302 (-0.17)	-3.13877*** (-3.58)			

续表

变量	收入分权			支出分权		
	(1) 东部	(2) 中部	(3) 西部	(4) 东部	(5) 中部	(6) 西部
DC_exp				1.46493** (3.13)	0.72924* (2.26)	2.03404*** (7.71)
interaction2				-1.24345** (-2.43)	0.18079 (0.21)	-3.44620*** (-4.16)
控制变量	Yes	Yes	Yes	Yes	Yes	Yes
省份固定效应	Yes	Yes	Yes	Yes	Yes	Yes
年份固定效应	Yes	Yes	Yes	Yes	Yes	Yes
_cons	0.11788 (1.17)	0.01968 (0.35)	0.10032* (2.00)	0.14036* (1.94)	0.04855 (0.90)	0.16282** (2.83)
N	143	104	143	143	104	143
R^2	0.86616	0.86477	0.92775	0.89445	0.87363	0.93808

6.3.2.3 稳健性检验

(1) 替换分权测度指标。

在此我们进一步利用地方一般预算内收支占中央一般预算内收支比重作为财政分权指标进行稳健性检验。具体变量定义计算如下：收入分权 (*fis_inc*) = 地方一般预算收入 ÷ 中央一般公共预算收入；支出分权 (*fis_exp*) = 地方一般预算支出 ÷ 中央一般公共预算支出，*interaction_inc* 表示税收增长与收入分权的交互项，*interaction_exp* 表示税收增长与支出分权的交互项。回归结果如表 6-5 所示，其中 (1)、(2) 列显示收入分权的结果，税收增长的系数在 1% 水平上显著，说明税收增长对职业教育投入具有显著正向影响，尽管收入分权及交互项系数统计上不再显著，但是系数的方向与基准回归结果保持良好的一致性。在（3）、（4）列中，税收增长的系数在1%水平上显著，支出分权系数至少在10%水平上显著，二者交互项系数也至少在10%水平上显著，进一步为本书的实证结果提供了佐证。

表6-5　　稳健性检验——替换分权指标

变量	收入分权		支出分权	
	(1) *edu*	(2) *edu*	(3) *edu*	(4) *edu*
tax	0.08709 *** (3.33)	0.06452 *** (2.79)	0.09671 *** (4.59)	0.08251 *** (4.24)
fis_inc	0.01979 (0.12)	0.10394 (0.47)		
interaction_inc	-0.19368 (-0.61)	-0.14284 (-0.41)		
fis_exp			0.08311 * (1.75)	0.09434 ** (2.22)
interaction_exp			-0.18313 ** (-2.13)	-0.14636 * (-1.76)
控制变量	No	Yes	No	Yes
省份固定效应	Yes	Yes	Yes	Yes
年份固定效应	Yes	Yes	Yes	Yes
_cons	0.00359 (0.33)	-0.02386 (-0.36)	-0.00356 (-0.35)	0.00186 (0.03)
N	390	390	390	390
R^2	0.73041	0.73909	0.73510	0.74269

（2）替换被解释变量测度指标。

为增强回归结果的稳健性，我们使用高等教育预算内收入占地方预算内教育经费支出的比重作为被解释变量的替代指标进行回归，具体定义如下：职业教育投入（*edu_2*）= 地方高等职业教育预算内收入 ÷ 地方预算内教育经费支出。稳健性回归结果报告于表 6 - 6，实证结果与前文基本一致，进一步佐证了本书研究结论的稳健性。

表 6 - 6　稳健性检验——替换被解释变量

变量	(2) *edu_2*	(4) *edu_2*	(6) *edu_2*
tax	0.04915 ** (2.60)	0.05580 *** (3.29)	0.05251 *** (2.85)
DC_inc		1.46862 *** (8.98)	
*interaction*1		-1.21431 *** (-5.14)	
DC_exp			1.32655 *** (8.40)
*interaction*2			-1.15697 *** (-5.20)
控制变量	Yes	Yes	Yes
省份固定效应	Yes	Yes	Yes
年份固定效应	Yes	Yes	Yes
_cons	0.01825 (0.25)	0.16252 *** (3.91)	0.17725 *** (3.72)
N	390	390	390
R^2	0.72521	0.88273	0.84335

（3）工具变量法。

为了尽可能降低内生性对估计结果的干扰，本书进一步采用工具变量法进行回归。本书使用滞后一期的税收增长变量作为税收增长的工具变量，利用面板工具变量法进行重新估计。工具变量回归结果见表6-7，第一阶段回归结果显示工具变量 $Iv(tax_{-t-1})$ 在1%的水平上显著为正，意味着工具变量相关性的前提假设满足，工具变量选取是有效的。第二阶段的回归结果显示，税收增长对职业教育投入的影响在5%的水平上显著，这表明经过内生性检验，依然支持本书的实证结果。

表6-7　　　稳健性检验——工具变量回归

变量	第一阶段	工具变量法	收入分权	支出分权
	(1) *tax*	(2) *edu*	(3) *edu*	(4) *edu*
$Iv(tax_{-t-1})$	0.65224*** (16.37)			
tax		0.08688** (2.47)	0.06114** (2.06)	0.06712** (2.52)
DC_inc			1.22732*** (6.59)	
interaction1			-0.91533*** (-3.28)	
DC_exp				1.39810*** (7.81)
interaction2				-1.18876*** (-5.20)
控制变量	Yes	Yes	Yes	Yes
省份固定效应	Yes	Yes	Yes	Yes
年份固定效应	Yes	Yes	Yes	Yes
N	360	360	360	360
R^2	0.99062	0.12300	0.57739	0.62546

（4）使用 GMM 估计。

Bood（2002）认为，当被解释变量的一阶滞后项系数 ρ 不是很大时，一阶差分 GMM（FD－GMM）估计效果较好，如 ρ<0.8，否则使用系统 GMM（SYS－GMM），因此本书选用 FD－GMM 对模型进行重新估计。由于 GMM 成立的前提是差分方程中残差序列不存在二阶以及更高阶的自相关，且工具变量具有严格的外生性，因此需要对结果进行 Arellano－Bond 序列相关检验和 Sargan 检验，结果见表 6－8。可以看到，收入分权在 5% 的显著性水平下，扰动项的差分存在一阶自相关，但不存在二阶自相关，故不拒绝原假设。而支出分权在 10% 的显著性水平下，扰动项存在一阶自相关，但不存在二阶自相关，故也不拒绝原假设。模型通过了自相关检验。当工具变量个数大于内生变量个数时，需要进行过度识别检验。而 Sargan 检验的原假设为所有的工具变量都有效，可以看到结果没有拒绝原假设，即工具变量与扰动项不相关，表明所有的工具变量都是有效的。模型通过了 Arellano－Bond 序列相关检验和 Sargan 检验，因此选取 FD－GMM 进行估计是一致且可靠的。通过 GMM 回归结果可以看到，税收对地方职业教育投入具有正向影响，财政分权对地方职业教育投入具有正向影响，但是随着分权增加，税收增长对地方职业教育投入的正向作用受到抑制，这从另一角度支持了本书前述的结论。

表 6－8　　稳健性检验——GMM 回归

	(1) 收入分权	(2) 支出分权
L. edu	0.17369*** (7.36)	0.15585*** (5.43)
tax	0.02486* (1.82)	0.01432 (1.58)
DC_inc	1.31201*** (4.12)	

续表

	(1) 收入分权	(2) 支出分权
*interaction*1	-1.28914*** (-4.00)	
DC_exp		1.33661*** (10.16)
*interaction*2		-1.27220*** (-7.94)
lnGDP	0.00231 (0.74)	0.00187* (1.68)
ind	-0.04358*** (-2.87)	-0.07039*** (-3.65)
ur	0.05109* (1.88)	0.04957*** (6.18)
en	0.00977 (1.53)	-0.00762* (-1.66)
comp	0.15516 (1.47)	0.04965 (0.91)
_cons	-0.02682* (-1.72)	0.01598 (1.18)
AR (1)	0.0313	0.0630
AR (2)	0.2541	0.2561
Sargan 检验	1.0000	1.0000
N	360	360

(5) 进一步分析。

分税种研究。从省级税收收入结构来看，在 2016 年之前，营业税作为第一大税种，增值税、企业所得税及个人所得税次之，在 2016 年全面营改增之后，增值税成为地方第一大税种，鉴于营业税已经取消，因此本书在分税种研究中只考虑增值税、企业所得税及个人所得税三大税种对职业教育投入的影响。进一步分税种分析结果见表 6－9，其中变量定义计算如下：增值税税收增长（*vat*）= 地方财政国内增值税收入 ÷ 地方财政教育支出；企业所得税（*cit*）= 地方财政企业所得税收入 ÷ 地方财政教育支出；个人所得税（*pit*）= 地方财政个人所得税收入 ÷ 地方财政教育支出，*interact_vinc* 为增值税与收入分权的交互项，*interact_vexp* 为增值税与支出分权的交互项，*interact_cinc* 为企业所得税与收入分权的交互项，*interact_cexp* 为企业所得税与支出分权的交互项，*interact_pinc* 为个人所得税与收入分权的交互项，*interact_pexp* 为个人所得税与支出分权的交互项。

表 6－9 第（1）、（2）、（3）列为增值税的回归结果，不论是收入分权还是支出分权，财政分权均对职业教育投入具有正向影响，尽管增值税及增值税与财政分权的交互项系数在统计上均不显著，在此不再赘述。第（4）、（5）、（6）列为企业所得税的回归结果，结果显示企业所得税对职业教育投入具有显著正向影响，财政分权（收入分权和支出分权）对职业教育投入具有显著正向影响，而企业所得税与财政分权的交互项系数显著为负，表明随着地方财政分权水平的提高，企业所得税税收增长对地方职业教育投入的抑制作用随之增加。第（7）、（8）、（9）列为个人所得税的回归结果，财政分权的系数在 1% 的水平上显著，表明财政分权对职业教育投入具有显著正向影响，而个人所得税的系数不再显著，但是个人所得税与财政分权的交互项系数在 1% 水平上显著为负，这表明随着地方财政分权水平的提高，个人所得税税收增长对地方职业教育投入的抑制作用随之增加。表 6－9 的实证结果进一步证实了财政分权有利于地方职业教育投入的增加，同时也进一步佐证了本书前述的研究结论，即随着地方财政分权水平的提高，税收增长对地方职业教育投入的抑制作用随之增加。

表 6-9　进一步分析——分税种研究

变量	增值税			企业所得税			个人所得税		
		收入分权	支出分权		收入分权	支出分权		收入分权	支出分权
	(1) *edu*	(2) *edu*	(3) *edu*	(4) *edu*	(5) *edu*	(6) *edu*	(7) *edu*	(8) *edu*	(9) *edu*
vat	-0.00472 (-0.62)	-0.00052 (-0.11)	0.00031 (0.06)						
interact_vinc		-0.10269 (-1.25)							
interact_vexp			-0.16334 (-1.20)						
cit				0.01501* (1.99)	0.02297*** (2.84)	0.02415** (2.25)			
interact_cinc					-0.51322** (-2.23)				
interact_cexp						-0.60030** (-2.18)			
pit							-0.00877 (-0.33)	0.01813 (1.02)	0.02163 (1.16)

续表

变量	增值税			企业所得税			个人所得税		
		收入分权	支出分权		收入分权	支出分权		收入分权	支出分权
	(1) edu	(2) edu	(3) edu	(4) edu	(5) edu	(6) edu	(7) edu	(8) edu	(9) edu
interact_pinc								-0.99743*** (-3.24)	
interact_pexp									-1.31641*** (-4.17)
DC_inc		0.72634*** (8.01)			0.91718*** (7.13)			0.86311*** (7.54)	
DC_exp			0.76241*** (5.75)			0.96963*** (7.54)			0.96464*** (7.79)
控制变量	Yes	Yes	Yes	Yes	Yes	Yes	Yes	Yes	Yes
省份固定效应	Yes	Yes	Yes	Yes	Yes	Yes	Yes	Yes	Yes
年份固定效应	Yes	Yes	Yes	Yes	Yes	Yes	Yes	Yes	Yes
_cons	-0.04105 (-0.76)	0.04755 (1.42)	0.06602* (2.04)	-0.04762 (-0.80)	0.06339* (1.70)	0.09027*** (2.78)	-0.04808 (-0.84)	0.05928* (1.86)	0.09177*** (3.08)
N	450	450	450	450	450	450	450	450	450
R^2	0.72628	0.85219	0.86311	0.72794	0.85843	0.87019	0.72511	0.85951	0.88026

6.3.2.4 拓展性分析

(1) 对地方财政压力的影响。

1994年分税制改革以来，地方政府面临“财权上收，支出责任下移”，同时伴随大规模的减税降费政策的实施，这样的背景之下，使得地方政府面临较大的财政压力。根据已有研究，中国税收收入多年来呈高速增长的态势，那么税收增长是否缓解了地方财政压力，税收增长在财政分权的制度背景下对地方财政压力的作用如何，接下来我们将进一步分析税收增长、财政分权对地方财政压力的影响。

地方财政压力的衡量方面，本书采用的是地方财政收支缺口，计算如下：地方财政压力（*pressure*）=1－地方财政一般预算收入÷地方财政一般预算支出。其他变量的含义及计算过程如前所述。回归结果如表6－10所示，第（1）列为税收增长对地方财政压力影响的回归结果，只考虑税收增长的情况，税收增长对地方财政压力在1%水平上具有显著负向的作用，即随着税收增长1单位，地方财政压力减小0.73单位。第（2）列为加入收入分权后的结果，税收增长对地方财政压力具有显著负向的作用，收入分权对地方财政压力也具有负向作用，税收增长与收入分权的交互项系数不再显著。第（3）列为支出分权的结果，加入支出分权后，税收增长对地方财政压力的影响依然显著为负，尽管支出分权以及支出分权与税收增长的交互项不再显著。财政分权的变量不论是收入分权还是支出分权，及财政分权与税收增长的交互项并没有显示出明显的效应（体现为回归结果中不显著），一方面由于数据样本量小，可能导致分权变量不显著；另一方面，本书主要研究的是省级层面的财政压力，由于我国五级行政体制决定了不同级政府间面临的财政压力也有所不同，省级财政压力不足以代表所有级次的地方财政压力。总的来说，从地区发展来看，税收增长有助于缓解地方财政压力，这也是税收增长的有利一面。

表6-10　　对地方财政压力的影响

变量		收入分权	支出分权
	(1) pressure	(2) pressure	(3) pressure
tax	-0.72551*** (-5.80)	-0.68478*** (-4.86)	-0.67016*** (-4.07)
fis_inc		-2.02945* (-1.92)	
interact_inc		-0.48480 (-0.29)	
fis_exp			0.11195 (0.42)
interact_exp			-0.54302 (-1.16)
lnGDP	-0.04746*** (-2.96)	-0.01287 (-0.87)	-0.04583** (-2.49)
ur	0.13757 (1.25)	0.04558 (0.49)	0.09881 (0.85)
en	0.00106 (0.02)	-0.04520 (-0.73)	0.00213 (0.03)
comp	-0.14913 (-0.91)	-0.84056*** (-2.95)	-0.38798* (-1.71)
ind	-0.12909 (-1.58)	-0.06903 (-0.78)	-0.12051 (-1.42)
省份固定效应	Yes	Yes	Yes
年份固定效应	Yes	Yes	Yes
_cons	1.32367*** (9.43)	1.06074*** (8.43)	1.32735*** (7.74)
N	390	390	390
R^2	0.99172	0.99340	0.99199

（2）对地方经济增长的影响。

根据柯布道格拉斯生产函数，经济增长取决于劳动力和资本的投入，而人力资本理论表明教育对经济的贡献使得人力资本提升，从而促进经济增长。因此，将柯布道格拉斯生产函数设定如下：$Y=AK^{\alpha}(\mu H^{\beta})$，其中，$Y$ 为产出，A 为技术水平，K 为资本投入量，μ 为有效劳动，H 为人力资本存量，假定 H 受到教育投入（I）和教育规模（S）的影响，即 $H=I^{\gamma}S^{\delta}$，代入上式等式两边取对数得：$\ln Y=\alpha_0+\alpha_1\ln K+\alpha_2\ln I+\alpha_3\ln S$，考虑到其他因素的影响，又引入职业教育的吸引力（$ea$）、市场化指数（$mkt$），因此回归方程设定为：

$$\ln Y_{it}=\alpha_0+\alpha_1\ln K_{it}+\alpha_2\ln I_{it}+\alpha_3\ln S_{it}+\alpha_4 ea_{it}+\alpha_5 ind_{it}+\alpha_6 comp_{it}+\alpha_7 mkt_{it}+\varepsilon_{it}$$

其中，i 为地区，t 为时间，产出（Y）用各省的国内生产总值表示，并且以 2007 年为基期的 GDP 平减指数进行价格调整；资本存量（K）参考王伟、孙芳城（2017）的做法，使用永续盘存法进行计算，计算公式为：$K_t=I_t\div P_t+(1-\delta)K_{t-1}$，$I_t$为第 t 年的全社会固定资产投资额，δ 为折旧率，赋值为 9.6%，P_t为固定资产价格指数。基期资本存量参考王伟、孙芳城（2017）的核算公式：$K_0=I_0\div(3\%+g)$，K_0、I_0分别为以 2007 年为基期的资本存量和固定资产投资额，g 为 2007—2017 年全社会固定资产投资额的几何平均增长率。

职业教育投入（I）= 地方高等职业教育预算内支出 ÷ 地方预算内教育经费支出；职业教育规模（S）= 普通高等学校专科在校学生数 ÷ 普通高等学校在校学生数；职业教育吸引力（ea）= 普通高等学校专科招生数 ÷ 普通高等学校招生数；市场化指数（mkt）为樊纲等发布的市场化指数；其他变量的定义及计算如前文所述。

表 6 - 11 报告了职业教育对地方经济增长的影响。表 6 - 11 的第（1）列结果显示仅考虑职业教育投入的情况，职业教育投入对地方经济增长具有积极作用，职业教育投入每提高 1 个百分点，经济增长提高约

0.36 个百分点。第（2）列结果显示仅考虑职业教育规模的情况，职业教育规模对地方经济增长具有抑制作用，职业教育规模每提高 1 个百分点，经济增长降低约 0.24 个百分点。第（3）列结果显示同时考虑职业教育投入和职业教育规模的回归结果，职业教育投入对经济增长具有正向影响，职业教育规模对经济具有负向影响，职业教育吸引力也对经济增长具有正向影响。总体而言，加大对地方职业教育的投入力度，增强职业教育的社会吸引力有助于地方经济增长，职业教育成为地方经济的重要动力。

表 6-11　对地方经济的影响

变量	(1) *gdp*	(2) *gdp*	(3) *gdp*
I	0.36014* (1.80)		0.36595* (1.86)
S		-0.24469** (-2.42)	-0.24660** (-2.52)
ea	0.12652 (1.33)	0.28726*** (3.09)	0.28905*** (3.19)
K	-0.87022*** (-41.15)	-0.86996*** (-37.83)	-0.86347*** (-38.18)
ind	0.53352** (2.43)	0.51274** (2.60)	0.51120** (2.56)
comp	0.07313 (0.22)	0.13580 (0.42)	0.02778 (0.09)
mkt	-0.00090 (-0.19)	-0.00298 (-0.69)	-0.00211 (-0.47)
省份固定效应	Yes	Yes	Yes
_cons	20.60481*** (58.74)	20.66886*** (59.61)	20.59485*** (60.41)
N	300	300	300
R^2	0.99467	0.99479	0.99491

6.4 结论及政策建议

本节以2007—2019年中国省级面板数据，主要研究了税收增长、财政分权与职业教育投入的关系从财政分权的角度检验税收增长影响地方政府职业教育投入的机理，研究发现：

第一，税收收入增长对地方职业教育投入都具有正向影响，税收收入每增加1个单位，地方职业教育投入增加0.06个单位。考虑收入分权的情况，收入分权每提高1个单位，税收增长对职业教育投入的抑制作用增加0.99个单位；在支出分权的情况下，支出分权每提高一个单位，税收增长对职业教育投入的抑制作用增加1.13个单位。不论是收入分权还是支出分权，随着地方财政分权水平的提高，税收增长对地方职业教育投入的抑制作用随之增加。

第二，考虑地区异质性的情况下，将样本分为东部、中部和西部，只考虑收入分权的情况下，收入分权对各地区职业教育投入具有显著正向影响，而且分权程度对职业教育投入的作用随着地区的不同而存在差异，分权对西部地区职业教育投入的影响最大，对中部地区次之，对中部地区影响最小。税收增长及税收增长与分权的交互项对职业教育投入的影响在东部地区和中部地区虽不显著，但是系数的方向与基准回归结果保持良好的一致性。只考虑支出分权的情况下，支出分权对地方职业教育投入具有正向影响，而且随着地区的不同存在明显差异。支出分权对西部地区影响最大、东部次之，中部最小。分样本回归的结果与基准回归结果保持了良好的一致性。地方税收增长对职业教育投入存在异质性，地方税收增长对职业教育投入具有正向影响，财政分权对职业教育投入具有正向影响，但是随着分权程度的提升，税收增长对职业教育投入的积极作用受到抑制。

第三，进一步分析表明，企业所得税对职业教育投入具有显著正向影响，财政分权（收入分权和支出分权）对职业教育投入具有显著正向影响，而企业所得税与财政分权的交互项系数显著为负，表明随着地方财政分权水平的提高，企业所得税税收增长对地方职业教育投入的抑制作用随之增加。考虑个人所得税的情况，财政分权对职业教育投入具有显著正向影响，个人所得税与财政分权的交互项系数显著为负，表明随着地方财政分权水平的提高，个人所得税税收增长对地方职业教育投入的抑制作用随之增加。进一步证实了财政分权有利于地方职业教育投入的增加，即随着地方财政分权水平的提高，税收增长对地方职业教育投入的抑制作用随之增加。

第四，拓展性分析中，首先考察税收增长、财政分权对地方财政压力的影响。结果表明，税收增长显著降低了省级地方财政压力，但是财政分权以及税收增长与财政分权交互对地方财政压力的影响本书分析处理不够全面，限于篇幅，此处不再赘述，这也是之后进行研究中需要解决的问题。其次考察了职业教育投入、职业教育规模及职业教育吸引力对地方经济增长的贡献度，结果表明，职业教育投入对地方经济增长具有积极作用，职业教育投入每提高 1 个百分点，经济增长提高约 0.36 个百分点。仅考虑职业教育规模情况下，职业教育规模对地方经济增长具有抑制作用，职业教育规模每提高 1 个百分点，经济增长降低约 0.24 个百分点。同时考虑职业教育投入和职业教育规模，职业教育投入对经济增长具有正向影响，职业教育规模对经济具有负向影响，职业教育吸引力也对经济增长具有正向影响。总体而言，加大对地方职业教育的投入力度，增强职业教育的社会吸引力，有助于地方经济增长，职业教育成为地方经济的重要动力。

基于本书的研究结论，提出如下政策建议：第一，正确认识税收收入增长。在现行财税体制下，大规模减税降费政策的实施同时减少了中央和地方的收入，对地方政府财政可持续性提出了严峻的挑战，因此，需要协调好减税、税制结构与财政可持续的关系，在保证支出结构的前提下，实行结构性减税，提高地区公共支出效率。第二，适当扩大地方财权范围。分税制改革以来，财权的上移与事权的下移使得中央与地方政府间的财权与事权出现明显的不对等，为了提高教育等民生性公共服务类支出，改善地区间公共服务供给，实现公共服务均等化的目标，亟需健全地方税体系，充分发挥中央与地方的两个积极性。第三，完善转移支付制度。应当逐步提高一般性转移支付占比，给予地方政府在资金使用上的自由裁量权。对于专项转移支付，应突出解决职业教育投入的问题，支持职业教育发展。第四，将地区教育发展纳入官员政绩考核体系。改革以 GDP 为核心的政绩考核体系，将教育发展等民生类项目指标纳入官员绩效考核体系，促使地方关注民生发展，改善地区福利水平。

第7章 “双创型”职业教育升级的实现路径

7.1 我国“双创型”职业教育体系构建

德国著名企业博世（Bosch）公司曾提出：员工的职业能力将越来越成为影响企业创新和地区创新的重要因素①。为了推动创新创业发展，基本从以下几个方面进行：首先，需要政府进行顶层设计，完善相应法律法规，出台相应优惠政策，宣传创新创业，吸引全社会参与创新创业教育发展进程。其次，从学校层面，学校作为创新创业教育的主体，需要改革课程体系以适应创新创业的需求，课程体系设计时更加注重实践成果；在引入师资力量方面，大多数国家采取“双师型”教师体系，聘请具有创业实践经验的企业人员担任创业导师，传授创业经验；提供实践平台，为学生创造创新创业环境。在社会层面，鼓励校企合作，鼓励企业向创新创业教育提供资金支持和技术支持，为学生提供实践机会；非营利组织和基金会为创新创业教育提供资金支持。通过对发达国家经验借鉴及比较，根据我国国情和创新创业教育现状，我国“双创型”职

① 王斋．德国博世公司企业文化［J］．石油政工研究，2014（6）：86.

业教育发展可从以下几方面得到改进。

7.1.1 协调政府、企业与学校的关系

首先，政府发挥统筹引领作用，对“双创型”职业教育发展作出总体部署，加强行业职业教育教学指导委员会等专家组织建设，提高行业指导能力，充分发挥专家组织的研究、咨询、指导、服务作用。设立一批社会服务产业紧缺领域教育研究项目，开展专题研究，为加快社会服务业人才培养提供理论支撑与智力支持。完善相关教育制度，激发全社会创新创业热情，及时出台诸如财政、税收等政策激励企业与学校合作，鼓励社会资金流入“双创型”职业教育领域；企业应积极参与校企合作育人，有利于行业企业发展技术创新和专业人员的培养；学校应发挥主体作用，教学内容应及时反映产业发展需求，完善课程体系，优化教学过程。如开放大学要充分发挥办学优势，加快信息化学习资源和平台建设，探索建立面向社会服务产业从业人员的现代远程教育教学及支持服务模式。将创新创业思想融入课程体系。只有政府、企业和学校各自分工明确，同时相互协调，才能从整体上推动“双创型”职业教育发展。

职业教育培训评价组织应联合社会服务产业优质企业、职业院校共同研制家政服务、养老服务、母婴照护等紧缺领域职业技能等级标准和证书，开发教材以及学习资源。使得“双创”职业教育的学生在获得学历证书的同时，也获得相关职业技能等级证书，提高就业创业本领，促进高质量就业。在家政服务、养老服务、托育服务等领域率先开展“1 + X”证书制度试点，同步探索建设“双创型”职业教育国家学分银行。

7.1.2 提高职业教师队伍的专业性，建设“双创型”师资队伍

师资队伍水平是决定“双创型”职业水平的关键因素。根据发达国

家的经验，“双创型”师资队伍大多由成功的企业家或企业管理层人员担任，重视创新创业师资队伍的专业化，因此我国可以从以下几方面建设“双创型”师资队伍：根据专业设置需求，对新增专业课教师应从具备家政、养老服务、社区服务等工作经历的人员中引进；支持社会服务相关专业领域符合项目式、模块化教学需要的职业教育教师组建教学创新团队；提高职业学校教师创新创业素质，聘请行业专家、技术专家、知名校友、具有成功创业实践经验的企业家或管理人员担任创业导师团队；建设“双创型”教师培训基地，定期选派教师参加定向培训、交流活动，积累实践经验，加强职业技能培训。

一方面，充分利用学校实习实训基地、产教融合型企业等，对专业教师进行针对性培训。在职业院校实行高层次、高技能人才以直接考察的方式公开招聘，健全职业院校企业兼职教师制度，鼓励劳动模范、能工巧匠、企业技术人才、高技能人才等担任兼职教师，承担培训任务。另一方面，支持建设社会服务相关专业领域符合项目式、模块化教学需要的职业教育教师教学创新团队，在职业院校教师素质提高计划中重点推进相关专业。在“双师型”教师培养培训基地建设中向社会服务相关专业倾斜，依托职业院校、应用型本科高校等，加强职业技能培训师资队伍建设，支持紧缺领域人才培训。此外，完善教师工作绩效考核办法，将培训服务课时量和培训成效等作为教师工作绩效考核的重要内容。

7.1.3 改革学科专业设置，充分利用培训资源

职业院校在学科专业设置方面，应形成专业随产业发展的动态调整机制，及时调整优化学科专业目录，增设或删减相关专业，如为适应新的社会需求，及时设置面向社区居民的家政服务、养老服务、中医药健康服务、托育托幼等紧缺领域的专业，具体包括护理（老年护理方向、

中药护理方向)、家政服务与管理、老年服务与管理、智能养老服务、健康管理、中医养生保健、中医营养与食疗、助产、幼儿发展与健康管理、幼儿保育、学前教育、康复治疗技术、中医康复技术、康复辅助器具技术、康养休闲旅游服务、健身指导与管理等专业。职业院校可根据医养结合、安宁疗护、心理慰藉、家庭理财、收纳管理、服饰搭配和衣物管理、室内适老化设计、社区服务网点规划设计等产业发展的新需求灵活设置专业方向。在课程设置方面，注重强化职业道德、职业素养、安全意识、法治教育，有关专业课程重点向老年服务与管理、病患管理、母婴照料等领域倾斜，适度拓展心理学、医学、营养学、沟通技巧等基础知识；在教学选取方面，加快相关专业教材建设，选取校企双元开发的优质教材，尽可能使用新型活页式、工作手册式教材；在教学内容方面，学校在教学过程中应积极引入企业真实项目和案例，开发和引入多样化的数字教学资源，在专业教学时应向相关专业倾斜，及时更新老年服务与管理、学前教育专业教学资源库资源。

此外，职业院校应积极开发具有专业特色的创业课程，建立创业孵化器，对自谋职业和具有创业意向的参训人员进行创业意识、创业知识和创业能力等方面的培训。课程设置应注重职业道德、职业素养、安全意识、法治教育，选用新型活页式、工作手册式教材。在设计培训项目时，职业院校应积极与企业共同研究培训方案、培训标准、课程标准等，开发分级分类的培训课程资源包。积极开发微课、慕课、VR（虚拟现实技术）等数字化培训资源，完善专业教学资源库，探索应用大数据技术，推行“互联网+培训”模式、智慧课堂、移动APP、线上线下相结合等新兴技术，充分普及职业技术教育。

职业院校应联合行业、企业，面向人工智能、大数据、云计算、物联网、工业互联网、建筑新技术应用、智能建筑、智慧城市等技术领域，广泛开展新技术技能培训。也可以通过现代学徒制、职业技能竞赛、在线学习等方式，促进企业职工岗位技术技能水平提升。鼓励职业院校联合行业组织、大型企业组建职工培训集团，充分调动各方的积极性，充分利用资源，共同开展补贴性培训、中小微企业职工培训和市场化社会培训。鼓励职业院校和企业合作共建企业大学、职工培训中心、继续教育基地，发挥自身优势，加强对困难企业职工转岗转业培训力度。同时，也支持职业院校积极为中国企业提供涉外培训，为企业走出去提供服务，也有利于职业教育在国内乃至国际社会的普及推广。

7.1.4 推动校企深度合作，建设职业教育集团（联盟）

首先，职业院校在现有实训基地基础上，加快建设一批标准化培训实训基地。同时产教融合型企业也要加大对培训实训基地建设的支持力度，积极承担各类培训项目。在此基础上，校企合作建设集实践教学、社会培训、真实生产和技术服务为一体的高水平就业创业实训基地。其次，充分调动社会资源，鼓励社会力量举办家政服务类、养老服务类职业院校，或与职业院校以股份制、混合所有制等形式共建产业学院，合作开设相关专业，规范并加快培养专门人才。将新型的社会紧缺领域作为校企合作的重点领域，优先支持建设产教融合创新项目、职业教育校企深度合作项目等，形成在全国范围内至少 100 家以上的产教融合型家政企业，推动 50 家优质企业与 200 所有关职业院校组建职业教育集团等，共建产业学院、大师工作室、创新协作平台、实习实训基地，实行现代学徒制、“订单培养”等培养模式，协同创新服务项目，开展技术研发，支持和鼓励企业承接教师实践锻炼和学习见习实习，充分调动利用社会资源参与职业教育。

鼓励企业与职业院校以股份制、混合所有制等形式合作共建产业学院、创业园、创业孵化基地、众创空间，合作开设相关专业，将社会服务产业紧缺领域等作为校企合作的重点领域，优先建设产教融合创新项目、职业教育校企深度合作项目等；推动优质企业与职业院校共建职业教育集团，共建产业学院、大师工作室、协同创新平台、实习实训基地，盘活利用政策工具、仪器设备、闲置厂房等资源，为创新创业活动提供材料、设备和设施；实行现代“学徒制”“订单培养”等教育模式，协同创新服务项目，开展技术研发，有效利用大学科技园、高校和科研院所的资源，支持和鼓励企业承接教师实践锻炼和学生见习实习。

加快建设职业教育集团（联盟），强化职业教育集团中政府、行业、企业、学校、科研院所和社会组织的协调配合，建立共同决策的组织结构和决策模式，促进集团内部深度合作、紧密运行和协同发展，实现人力资源、设备资源、资金资源、市场资源、技术资源和文化资源等共建共享，促进职业院校、行业、企业与区域间优势互补。职教集团内企业有义务接收集团内学校学生实习实训、教师企业实践，促进职业院校与行业企业紧密联系。

7.1.5 扩大职业人才培养规模，提高创新创业质量水平

从规模扩张角度，职业院校不仅要积极面向高校学生，更要扩大职业教育的教育培训范围，涵盖包括退役军人、农民工、去产能分流职工、建档立卡贫困劳动力、残疾人以及长期失业青年、农村留守妇女、大龄失业人员等重点人群。扩大职业教育的覆盖范围，从根本上提高职业技术人才的培养规模。从质量提升角度，职业院校要承担春潮行动、雨露计划、求学圆梦计划等政府组织的和工会、青年团、妇联等群团组织开展的培训任务。鼓励职业院校与企业行业合作开设大学生、退役军人就业技能培训班，开展先进制造业、战略性新兴产业、现代服务业及人才紧缺领域的技术技能培训。加强适应残疾人特点的民间工艺、医疗按摩等领域培训。鼓励涉农职业院校到乡村提供培训，深入开展技能扶贫，服务脱贫攻坚和乡村振兴，积极培养高素质农民和农村实用

人才。同时，职业院校要结合社会发展需要，大力开展家政、养老、护工、育婴、电商、快递、手工等领域初级技能培训，使失业人员掌握一技之长。积极联系合作企业，为失业人员推荐工作，提供就业培训一体化服务。

为满足日益增加的社会服务行业需求，职业院校应加强对社会服务业相关学科的基础科研。支持院校通过自设家政学等二级学科，开展相关产业政策研究和人才培养。同时，促进相关交叉学科专业发展，服务以专业设备、专用工具、智能产品研发制造为支持的家政服务产业集群建设。鼓励和支持有条件的院校在相关学科领域招收培养研究生，为企业和职业院校等输送业务骨干和高层次教学科研人员。

7.1.6 提供创新创业指导服务，鼓励学生开展创新创业

学校内应成立相关创新创业服务指导中心，为学生创新创业提供咨询、项目推荐、市场动向及最新政策解读等，解决创业过程中可能遇到的难点；借鉴日本创新创业社团模式，高校成立创新创业社团，通过开展创业讲座活动，教授创业方法，举办创业沙龙、创业论坛等活动，为学生创业交流提供机会；积极宣传创新创业文化，充分利用社交媒体网络，弘扬创新创业精神，在全社会形成创新创业文化氛围。

高校与企业应发挥校企合作优势，积极组织各类创新创业大赛，包括从赛事选定、选手培训、成果转化等方面，在全国职业院校技能大赛中设置最新专业特色的赛项，鼓励学生开展自主创新创业活动，支持学生积极参加中国“互联网+”大学生创新创业大赛；企业为学生提供实践机会，使学生可以参与企业产品或项目研发活动，感受企业创新创业过程，提高学生创新创业实践能力。

职业院校可以围绕“互联网+家政”“互联网+养老”“互联网+健康服务”等，建设众创空间，指导学生开展自主创新和创业活动，做好

创业项目的跟踪、指导和孵化服务，引导有条件的学生积极投入社会服务产业相关领域创业。支持鼓励相关专业学生参加“互联网+”、大学生创新创业大赛。在全国职业院校技能大赛中论证设置相关特色赛项。职业院校要根据毕业生特点，加强职业指导和就业创业服务，组织相关专业学生到养老服务等公益属性较强的社会服务机构和城乡社区、家庭等开展社会实践活动。

7.2 开放教育发展建议

2020年的新冠肺炎疫情，在全世界对信息化教育的态度认知从质疑到了解再到全面接受的过程中，“互联网+教育”日益深入人心，时代巨轮已被这场学习革命推向了新的历史发展阶段。习近平总书记指出，我们要科学分析形势、把握发展大势，坚持用全面、辩证、长远的眼光看待当前的困难、风险、挑战……努力在危机中育新机、于变局中开新局。开放教育在继续做好在线教育的同时，也要抓住机遇谋划未来，从供给侧结构性改革入手，以学生为中心，从社会实际需要出发，充分发挥5G网络教育和人工智能优势，推动“互联网+开放教育”融合创新发展，化危机为契机，构建面向每个人、适合每个人，更加开放灵活的、更加灵巧的，与信息社会和现代化需求相适应的开放教育体系。

7.2.1 以学习环境的感知性推动认知的变化

经过新冠肺炎疫情大规模信息化教育的洗礼，加速提升了全球各高校对教育信息化的重视程度及对“互联网+教育”的认知，彻底改变了人们对远程教育、网络在线教育、开放教育的观念。从这个角度来说，新冠肺炎疫情对教育观念的冲击不亚于一场社会变革，开放教育由此获得的发展新机是前所未有的。

后疫情时代，和普通高校“临危受命”仓促起步的在线网络教学相比，开放教育信息化教育的开放性、灵活性、共享性一览无余地展现在大众面前。一是学习时间、空间、地域不受限制，学生可以在任何想学习的时间、地点开始学习；二是学习载体不受限制，开放大学的教学载体有纸质文字资源、网络平台的动态资源，并将建成有丰富资源的、覆盖面广的不因为上线学习人数多而“卡顿”的5G统揽的信息化教学平台；三是学生专业不受限制，学生根据自己的兴趣，选择自己喜欢的专业和课程随时进行自主学习。通过推进“互联网+开放教育”，用互联网思想改造开放教育办学，加速互联网及其衍生的相关信息化技术与开放教育深度融合，实现对开放教育的供给侧变革，创造开放教育新生态。

7.2.2 以学习内容的适配性完善办学目标，改变人才评价体系

随着教育信息技术的快速发展和时代对技术技能型人才的迫切需求，开放教育的办学目标必须根据社会需要进行动态调整，走与地方经济社会发展和产业链融合发展之路，专业设置、课程教材、人才培养方案和培养模式要同产业发展实际、生产和创新实践紧密结合起来，全面增强开放教育服务区域经济社会发展的能力。“互联网+教育”正在触发包括开放教育在内的教学育人模式的加速变革。开放教育必须抓住机会加快推进供给侧结构性改革，加强科学定位、推动特色专业、落实质量提升，改变我国开放教育人才评价体系现状，通过改变培养目标，转变课程教学内容体系，更加重视创新思维和协作能力的培养，深入推行跨学科内容整合。

7.2.3 以技术与教育的融合性助力教育群体之间的教育公平

以“现代信息技术为支撑”是开放教育区别于其他教育最典型的特征。当前国家开放大学已经形成“云、路、端”三位一体的技术支撑模式，初步建成了集教、学、管、研、服等一站式服务和一体化运行的云平台。后疫情时代，在新冠肺炎疫情防控常态化的形势下，开放大学唯有优化教育网络资源，以师生个性化的需求为导向，充分利用5G技术、人工智能、区块链、教育云、大数据、虚拟现实等技术与教育教学深度融合，重构教育教学的支撑体系，打造“互联网+开放教育”，让开放教育学生可以通过交互平台开展探究式、启发式、研讨式、互动式的自主学习，形成更加以人为本的教育、更加开放的教育、更加共享的教育、更加精准的教育和更加公平的教育，有效促进开放教育治理体系和治理能力现代化。

7.2.4 以教育系统均衡发展和有机整合触发开放教育发展新动能

开放教育供给侧结构性改革中供侧改革的调节因素，应重视三个“建设”：一是信息化师资建设，构建服务于全民终身学习的教育体系，就要打造一支基于互联网思维，忠诚于党的教育事业，讲政治、重落实、奉献有为的师资队伍。当前，开放教育普遍存在专业理论教师缺少实践经验，或者实训教师缺乏理论基础不能讲授理论课的现象。教育信息技术与教育教学的深度融合的时代特点，正在触发教师角色的快速转型，作为培养应用型人才为主的开放教育，建立一支“双师型”的专业教师队伍迫在眉睫。二是线上实训基地建设，供给侧改革资源配置的核心要义为市场在资源配置中的决定性作用。新时代对技术技能型人才需求的紧迫性促使开放教育人才培养目标，必须转变到更加重视学生“互联网+”创新思维、协作能力和实习实训能力的培养上来。当前，开放教育实习实训基地严重不足是其办学的“软肋”。应加强与行业协会、大型企业合作，引进实习实训等方面的优质资源，建设大批的线上网络实习基地、线下实训基地，将现实中复杂、难以观察、易错危险的实验，搬到可以自行操作VR/AR课堂上，尤其利用开放教育信息技术的优势，加强虚拟现实、增强现实、混合现实的实验实习实训环节，通过“虚拟实验室”，全真动态展示实验效果，从而实现开放教育线上理论学习结合线上线下实验实习实训，打造社会急需的“大国工匠”。三是高层次开放教育体系建设，目前我国开放教育同国外的开放教育相比，在认识、观念和政策扶持上还存在着一定差距。2017年6月，上海开放大学历史性地被列为新增硕士学位授予单位立项建设单位，在探索开放大学未来发展建设道路上作出了积极探索。相关教育主管部门亟须给予开放大学与普通高校相等的权利与待遇，逐步建设开放大学独立的学士、硕士甚至博士学位授予权，实现真正的“终身教育”。

7.2.5 以科学化教育评价体系引领开放教育供给侧结构性改革

开放教育教学质量受到大众质疑的原因复杂，但是其中一个重要原因就是没有一个独立的、权威的评价机构对其教育教学质量进行评估权衡，使他们的教学数据获得来自第三方的认证。因此，遵循评价原则，全面推动开放教育评价方式创新是其实现均衡发展的重要方面。信息技术在很大程度上能够助力克服传统教育评价难以采集学习行为、收集评价依据和评价信息单一化、片段化的问题，将情感、态度、心理等非知识类数据纳入评价依据，使教育评价的内涵和功能得到拓展。智能终端能够更加方便地实现管理者、教师、同学等多主体参与评价。大数据驱动的开放教育评价体系将从模糊走向精准，以强化过程性评价引领改进结果性评价，以结果为导向审视检验过程性评价，建立健全综合评价指标体系，促进权威的新时代开放教育质量评价体系建设。

7.3 “互联网＋开放教育”发展建议

互联网的出现，为我们创造了一个最好的教育时代，互联网和移动互联网为教育的发展创造了前所未有的机会。开放教育随着教育教学改革的不断深化，办学规模稳步增长，服务领域不断拓展，社会声誉不断提高，初步走出了一条富有中国特色、符合中国国情的发展道路。面对当前社会发展战略转型的关键期，开放教育管理者更应该抓住这个机会，从教学设备、平台建设、平台管理、工具开发、资源建设与共享方面进行积极探索。

7.3.1 配置足够数量的基础设施、教学设备

信息技术、互联网技术迅速发展，为开放教育在线学习平台带来了发展机遇。“互联网＋开放教育”这一新型学习模式，将突破传统教学模式，而教师怎样完成教学任务、学生如何获得知识则是我们须深入研究的问题。“互联网＋开放教育”模式的实施需要多种硬件技术、软件技术的支持。随着互联网技术的发展，“互联网＋开放教育”形成了基于移动学习、大数据采集、大数据处理等技术的学习平台，为学生提供个性化教学服务，以提高教学活动智能化水平。开放教育学生可以依据自己的需求和时间，随时随地登录学习平台，观看、学习课程，以提高自身知识水平。

利用智能手机、电脑等移动终端设备随时随地登录学习平台，学生在观看教学资源的同时，可以通过学习平台与教师或其他同学进行沟通。

相较于传统教学模式，此种方式不受时间、空间的约束。随着大数据技术在教育领域的广泛应用，学生登录学习平台的次数、阅读何种学习资源、停留时间、提问次数等都将以数据形式记录下来。通过大数据分析，可以充分了解学生的学习目的、学习需求、学习兴趣，为学生推送其感兴趣的相关课程。另外，开放教育学习平台可利用大数据技术分析教学库、资源库、成绩库等数据信息，以此来探究学生的学习过程，预估学生学习行为及学习中遇到的问题，为教育决策的拟定提供准确数据支持。利用大数据挖掘技术，平台可为学生提供个性化、精准化服务，这也是“互联网+开放教育”的发展方向。

“互联网+开放教育”的融合，可形成大数据技术+互联网+终端设备的一体化教育模式，实现自主化、碎片化学习目标。利用大数据技术分析开放教育的学生需求，为其推送相应教学资源，以提升个性化教学服务水平；利用云计算技术可大量存储学习资源；利用移动学习技术，可保证学生随时随地登录学习平台获取知识；利用社交网络可加强师生、生生之间的沟通。

7.3.2 积极研发开放教育在线学习管理平台

开放教育通过不断完善数字化、智能化学习平台，为学生提供远程学习环境。在“互联网+”助力下，基于WEB技术建设学习管理平台，保证平台兼具在线学习、在线考试、学习过程监管等多种功能。学习平台中负责教学任务的教师可以来自各个高校，均为各行业专家、教授、学科带头人等，而不仅仅是由开放大学的教师负责。可依据学生需求，先开放在线学习、在线考试等功能，之后依据实际需求增加其他功能。相关人员在设计学习管理平台时，应坚持“建构主义”观念，确保学习管理平台拥有丰富功能，保证学生可通过学习管理平台自学、自评、自测。

7.3.2.1 资源管理子系统

此系统总结、归纳了多种知识、课程资源、扩展资源，将所有资源保存到资料库中，学生随时随地可通过登录学习平台调用这些资料。学习资源是保证学习平台实现在线教学功能的基础，开放教育须使用云计算技术、大数据技术整合教学资源，将多学科、多专业的教学资源、国内外先进知识及资源纳入资料库，由学生依据自己的学习需求调用教学资源。资源可交互呈现、统一保存及管理、共享等是资源管理子系统的特征。另外，须保证资源管理系统支持标准、非标准课件，如此可降低课件成本、提升资源利用率。教师、学生的分享可丰富学习资源。为了满足学生个性化学习需求，应对学习资源进行合理分类，采用立体化连接方式将学习资源连接起来。资源管理子系统建设中应确保资源管理子系统具有检索功能，以保证学生能迅速找到其需要的学习资源。

7.3.2.2 在线学习子系统

学生可通过登录学习平台搜索所需的教学资源，利用碎片化时间进行自主学习。在线学习子系统可为学生提供个性化服务，兼具在线报名、在线学习、在线测评等功能。学生也可通过学习平台了解自己的学习记录、学习效果。在互联网技术持续发展的今天，移动学习模式已被用于教学活动，教学模式、教学方法已发生变化。学生可利用手机等移动终端设备登录学习平台进行自主学习。移动学习的主要特征包括三个方面。首先，学生可随时随地学习知识。只须拥有移动终端设备、网络即可进行自主学习。其次，在线系统交互性较好，学生可利用移动终端设备观看相关资料、课件。最后，移动学习是一种新型学习方式，是“互联网＋开放教育”未来一段时间的发展方向。通过学习平台，可加强师生、生生之间的沟通，弥补开放教育学生在校时间短的不足，这对提升学生对知识的掌握程度有益。教师可在学习平台开设相关课程，引导学生学习，批阅学生课后作业。教师可设置协作学习、模拟实验等功能，以保证教学效果。

为提升教学效率及教学效果，应充分利用先进技术建立开放教育在线学习平台。在此环节，应注意以下几点：第一，重视激发学生学习积极性、培养学生自主学习能力、提高学生学习效率及学习效果；第二，做好学习平台流程设计工作，减轻学生学习压力；第三，依据学生学习需求，为其提供个性化服务；第四，重视学习活动环节设计工作，以提高教学效果；第五，加强学生与教师之间的沟通；第六，加强对学生学习过程的监督。互联网技术、移动终端设备的持续优化及推广，使得人们学习方式向着碎片化方向发展。因而在线学习子系统须支持学生移动化学习，充分利用学生分散的时间，提升学习效率。

7.3.2.3 在线交互子系统

师生、生生之间的信息沟通及信息传播即为教育中的交互。在线交互子系统可实现师生、生生之间的沟通及交流，从而提升学生对知识的掌握程度。交互可分为以下两类。一是实时交互。利用移动终端、软件实现师生或生生之间的实时沟通，比如视频。二是非实时交互。师生、生生未同步沟通，比如学习笔记、电子邮件。学生学习过程中，可记录自己的学习经验、遇到的问题，与其他同学或教师共享自己的学习笔记；学生可采用电子邮件与其他同学或教师交流学习中遇到的问题。

7.3.2.4 在线测评子系统

此系统也被称为“在线考试系统”，简言之就是基于互联网、计算机技术的线上考试、无纸化考试。开放教育的学生多以在职为主，学习考试时间与工作时间有冲突。通过在线测评，学生可选择合适时间进行考试，且不需要监考老师参与，如此可降低人工成本、时间成本。在线考试系统具有试卷制作、试卷回收、试卷批阅等功能。在线测评子系统可在题库中随机选择题目形成试卷，学生完成考卷后由在线测评子系统自行批阅并统计学生考试成绩。此外，学生可将自己的作业、学习笔记上传到学习平台，其他同学可就学生的作业、学习笔记进行互评。

7.3.2.5 管理子系统

管理子系统具有系统管理、权限管理、选课管理、学生管理、师资管理、成绩管理等功能。在教学管理平台设计、建设中，应积极利用大数据挖掘技术等先进技术，以提升信息处理效率、管理效率。管理子系统应依据管理工作实际需求、科学发展规律建设，依据设置好的程序保证管理子系统自动完成管理工作，以提升数据处理效率及处理结果的准确性。在此环节，须充分利用大数据挖掘技术、大数据分析技术，以保证数据处理结果准确，为决策提供数据支持。开放教育学习平台的运行稳定性将直接影响教学、管理工作信息化水平，同时对提升教学效果、提高管理效率也十分重要。

7.3.3 优化开放教育在线教学与学习工具

为保证开放教育教学效果，须对现有教学工具进行优化，引进先进教学工具。学习平台可将课程依据难度分为几个等级，由学生依据自身水平选择教学资源，以提升学生学习效率及学习效果。同时，学习平台可监管学生整个学习过程，以免学生出现注意力不集中等影响学习效果的行为。另外，学习平台可引进在线查词等学习工具，提升学生学习活动趣味性，激发学生学习的积极性。

近几年，我国对“互联网+教育”的重视程度在逐渐增高，学习平台建设数量不断增多。作为中国互联网教育的“国家队”和国家的“互联网+”教育中心，国家开放大学进一步提升开放教育学习平台的建设质量、提高学习平台的教学管理水平是其当仁不让的责任和担当。

7.3.4 积极开发、共享开放教育在线学习资源

开放教育学生学习的目的往往以改善工作条件为主因，学习目的比较单一，为了更好地激发学生学习兴趣、提高学生的学习效果，应保存丰富、优质学习资源。学习资源是提升教学效果最强大的工具。根据学习资源的类型，可将学习资源分为视频、音频、互动课件、文字等。根据学习资料的来源，可将其分为以下几类。

7.3.4.1 学校自主开发资源

应加强对开放教育优质学习资源的开发及利用，为培养优秀技能型人才贡献自己的力量。可依据学生学习特征开发多元化学习资源。另外，学校须将学习资源模块化，保证知识点、学习任务的明确性。学习平台须保证学习内容具有较强的逻辑性，以提升学生的学习效果。同时学校可组织课程负责人、专家、学科教师进行教学设计，明确教学内容，组织专业技术人员负责制作教学课件。学习资源的开发主要是指制作在线平台使用的互动课件、视频课件，通过这些教学课件为学生传授理论知识。在学习资源设计中，应保证学习资源与实际学习环境的相似性。学习资源的开发，须经过以下过程：第一，明确教学内容、教学任务；第二，依据教学目标组织相应学科教师、专家等组成课程研发队伍；第三，由该团队所有成员合作完成教学内容设计、视频课件制作工作，而视频课件制作完毕后，由相关部门负责审核，此后对教学资源进行优化；第四，将多媒体课件、三维动画等资源合理整合为教学课件；第五，由相关专家对教学课件进行评估，保证教学课件在科学、合理的情况下发布在学习平台上。

7.3.4.2 学校共享资源

开放大学可与其他高校合作共享学习资源，同时可与政府部门、社

会组织等合作研发学习资源。采用此种方式可丰富学习资源的种类、保证学习资源的规范性。通过多方努力建立共享化开放教育教学资源库，可提升教学资源利用率，并且可依据企业要求、高校教学要求开发共享学习资源。

7.3.4.3 共享开放教育资源

通过知识产权协议，获取可免费查看、使用的开放教育学习资源，比如国开云教育平台、国开"荟学习"平台、学银在线平台等学习资源。随着互联网技术的发展及推广，免费开放的共享学习资源逐渐增多，开放教育可将这些教学资源收入学习平台的资源库中。MOOC（慕课）、SPOC（小规模限制性在线课程）等是常见的学习资源库。MOOC可实现共享教学资源，提升教学过程开放性水平，这对提升学生学习积极性有益。MOOC为学生提供丰富、优质的学习资源，深受学习者的喜爱。SPOC为学校内部学习平台，主要由教师提供支持。学习者须经过严格审核才能登录SPOC，因而利用SPOC学习的人比较少。SPOC可为学习者提供个性化服务、公正化评价。BOOC（大型开放在线课程）的学生数量较少，学习内容不固定，但十分重视学生参与度和学习效果。与其他学习平台不同，BOOC更为重视学生对知识的掌握程度和灵活应用知识的能力。

第8章　实现“双创型”职业教育发展的财税政策建议

8.1　促进“双创型”职业教育发展的税收政策建议

“双创型”职业教育发展不仅是教育结构调整问题，更重要的是成为当前缓解就业不平等、消除贫困和促进经济稳定增长的重要方式。因其具有准公共产品属性，不可能由政府完全提供，也不可能完全依赖市场，因此，政府为引导职业教育发展需要从宏观角度制定政策规划。税收政策是政府为发展某些行业而对该行业的应纳税款给予不征或少征税款的政策性制度安排。通过梳理我国“双创型”职业教育现行税收支持政策并进行问题分析，为我国“双创型”职业教育发展提出相应政策建议。

8.1.1　对职业教育提供者的政策建议

“双创型”职业教育发展首先体现在学校及相关培训机构规模的扩张，随着创新创业人数的扩张，已有的职业院校规模难以满足多样化的职业教育需求，教育财政支出面临较大的压力，亟须企业社会办学的职业院校参与到职业教育发展进程，鼓励民办教育发展，积极落实民办教育税收政策，依据《民办教育促进法》的基本规定，制定民办学校要求合理回报的标准和办法，及时出台出资人要求合理回报的民办学校应享受的税收优惠政策，赋予民办教育与公办教育相等的税收地位，鼓励社会办学，鼓励有条件的大企业举办高质量的“双创型”职业教育，减轻财政压力，可以满足短时间内规模扩张的需求。

为了激发职业院校的办学活力，降低财政支出压力，适度扩张职业院校收入的免税范围，按照学校是否可以进行营利性活动划分纳税主体。若职业学校从事非营利事业，则其从事的教育活动也属于非营利活动。因此，职业教育学校，不论是中等职业教育学校还是高等职业教育学校，取得的收入，不论来源和收入形式，如赞助费、择校费、新生开学学生的军训、体检、住宿等费用，中央和地方政府的拨款，企业、个人及社会力量的捐赠，对外提供技术咨询、技术转让、技术培训取得的收入，对外提供管理培训、服务活动取得的收入，只要这些收入是用于职业院校教学和研究及自身发展，均与教育劳务收入享受同等的免征增值税待遇，这样有利于减轻政府的财政负担，激活职业学校办学自主权，根据市场需求及时调整专业设置及学生专业培养标准，使创新创业职业教育与市场需求相结合，有助于技能型人才的培养。

为了保障教育经费收入的稳定性，适时改革教育费附加制度。随着大规模减税降费措施的实施，以增值税和消费税实际征收额为税基的教育费附加易受到政策变动的影响。因此，适时改革教育费附加为教育税，专款专用于地方教育事业，保证教育经费来源稳定。适时开设教育彩票基金，对教育彩票基金收入，一定时期内减免相应的税收收入，通过基金渠道增加用于教育的非税收入，保证经费收入来源的稳定性。

最后，适当降低科技企业孵化器、大学科技园、众创空间、科学技术研发机构以及高等学校享受税收优惠待遇的准入门槛，使更多行业、企业、科研机构及学校享受税收支持政策，促进全社会创新创业的发展。

8.1.2　对从事职业教育事业者的政策建议

提高师资水平首先需要提高从事职业教育事业人员的待遇，从税收政策视角，需要做到提高职业教育专任教师享受的税收优惠范围，鼓励职业教育教师参与实践活动，教学与实践相结合，结合社会实际提供教育服务，做到产学研相结合。政府应该积极鼓励企业经营管理和技术人员与学校领导、骨干教师相互兼职兼薪，支持技术技能型大师到职业院校担任兼职教师，提高职业教育教师实践能力和教学水平，深化职业学校人事制度改革，有利于“双师型”教师队伍的建设。

其次，加强职业教育科研教研队伍的建设。新科技新技术的发明离不开科研人员的贡献，职业教育作为社会发展的产物，为社会的需求服务，需要适应经济社会发展，鼓励科技创新和科学发明，促进科技成果转化，那么就需要放宽教学科研的奖励与经费的税收优惠标准，改革个人所得税法律法规，对省级政府颁布的教育奖金免征个人所得税；对高等院校省及省以上的课题立项项目的科研经费，免征个人所得税；对科技人员的科研成果转化获得的奖励，适当放宽优惠力度，鼓励创新科研的积极性。

最后，为了加大地方对职业教育投入的需要，保障教师的合法权益，增强教师职业的吸引力，提高教师教学的积极性，确保职业教育经费的专项使用，需要健全地方税体系，稳步推进房地产税立法实施。及时在全国范围内推广房地产税，使房地产税成为地方重要的资金来源，专用于教学设备、教职工工资和福利改善等，逐步使地方性房地产税收入增长和教育质量提高进入同步良性循环状态。

8.1.3 对职业教育接受者的政策建议

随着经济社会发展，为了满足人民群众职业偏好的需要，使创新创业职业教育惠及各类群体，满足个体教育需求，确保每个学生都有权利接受创新创业教育，提升自身职业能力，促进学生可持续发展，需要将职业教育税收支持范围扩大到接受教育家庭。新个人所得税法的实施虽然在专项附加扣除中增加子女教育、继续教育费用扣除，但是由于地区差异、家庭间的差异，致使税收政策无法惠及每个个体，因此需要扩大接受教育家庭的优惠范围，主要在于调整个人所得税制度，减轻学生家庭的教育负担。

主要措施包括：一是在当前分类综合所得税制实行成熟之际，以家庭为申报主体，为教育费用的税收抵免和扣除创造条件；二是在专项附加扣除项目中，在一般生计费用扣除的基础上，改革现有对教育方面的费用扣除，准予家庭在现有 1 000 元扣除基础上，随着必要生计费用的调整而调整标准，鼓励家庭进行教育支出。若家庭子女在大学学习并且各科成绩保持 85 分以上或者具有创新创业相关研究成果，该家庭为在学子女支付的符合教育机构要求的学杂费可申请全额扣除，鼓励参与职业教育。

保障学生接受创新创业职业教育的权利，对于贫困无力支付学费的学生，政府应给予学费减免，设立专门的奖助学金，提高奖助学金的额度，保证学生基本学习生活需要，在此基础上引入负所得税机制，对低收入家庭进行补贴，弥补现行福利制度的缺陷，提高入学率，确保每个学生公平的享受接受“双创型”职业教育的权利。

目前鼓励个人教育支出的主要税收手段是教育储蓄。由于教育储蓄存款期限较长，且每笔本金最高限额 2 万元，以及申请手续程序繁杂的特点，无法发挥税收政策对教育的支持作用，对此政策建议提高单笔教育储蓄本金上限，简化申请程序。按照目前职业学校学费、住宿费和基本生活费用的平均值，设置单笔教育储蓄本金的上限额度，发挥税收政策对创新创业教育的引导性作用。

为促进创新创业的发展，鼓励更多群体参与创新创业进程，现有的 3 年期限远远无法满足创业进程，因此税收优惠政策制定首先应结合企业发展进程适当延长支持年限，根据行业、企业的发展进程及发展阶段，分别制定具有针对性的税收优惠政策；其次，扩大享受创新创业的应届毕业生的范围，使创新创业优惠不仅惠及学历教育的应届毕业生，也使得非学历教育的学生参与到“双创型”职业教育发展进程；再次，为了保证学生学业的持续，对商业银行开办的针对受教育者本人、配偶或抚养人的国家助学贷款业务，免征国家助学贷款利息收入的增值税，给予困难学生贷款更多的税收支持；最后，为保障在校生更好地参与教学计划，提升教学质量，优化办学模式，促进学生职业技能提升，鼓励社会资金流向职业教育领域，扩大捐赠范围。

8.1.4 对教育捐赠的政策建议

一方面，通过修订企业所得税对教育事业的公益性捐赠的扣除标准，对企业发生的用于教育事业的公益性捐赠支出，或准予企业在所得税前全额扣除，或保留在年度利润总额 12% 以内的部分准予计算应纳税所得额时扣除，但是超过部分准予向后结转 5 年扣除。对民众个人以“提供奖学金名额”等方式向高等教育发出的捐赠，只要符合公益性捐赠规定的条件，准予在缴纳个人个人所得税前全额扣除。另一方面，放宽捐赠所得税前扣除的规定，如受赠机构范围、捐赠形式、捐赠途径等，对捐赠者直接捐赠给学校或优秀贫困学生的资金，应响应政策免除税收收入。为了鼓励社会对职业学校的实物捐赠，可以允许抵扣实物所包含的增值税进项税额。总之，通过税收政策支持、扩大税收优惠范围，促进“双创型”职业教育发展进程加快。

8.2 促进“双创型”职业教育发展的财政政策建议

8.2.1 健全政府间事权和支出责任

促进“双创型”职业教育快速发展，应健全政府间财政事权和支出责任。具体而言，中央政府根据经济社会发展和产业结构调整的需要制定职业教育发展整体规划，出台“双创型”职业教育发展的政策和方针，确定学科专业、类型及区域间布局，采用转移支付手段支持财力薄弱地区“双创型”职业教育发展；完善学生资助制度，直接向接受职业教育的贫困学生提供资金支持，确保贫困家庭的学生得以平等地接受职业教育。地方政府承担“双创型”职业教育的大部分事权，积极落实中央政府制定的各项政策措施，根据地方特色及发展水平从校舍建设、教学科研设备、师资力量提供等方面确定职业教育工作的具体标准；筹措相应的教育经费，确保区域内教育资源共享，发展协调有序。

为缩小地方财力缺口，满足地方职业教育发展的资金需求，应健全完善地方所属的直接税，建立现代财政制度，增大地方政府自主性较大的税收收入，弱化地方政府对中央财政的依赖，确保地方政府有充足的资金支持“双创型”职业教育的改革与发展。

8.2.2 建立“双创型”职业教育的绩效评价体系

促进“双创型”职业教育稳步发展，应建立健全职业教育领域预算绩效管理机制，提高各级政府在提供和优化“双创型”职业教育资源方面的有效性，实现“双创型”职业教育服务地区间均等化。建立职业教育生均经费标准，将预算支出与前期资金投入结合起来，通过成本收益分析，建立科学的预算资金分配机制，引入第三方投入评估模式，形成全过程预算绩效管理机制。建立问责机制，将“双创型”职业教育发展列入地方政府业绩考核指标，建立各级政府教育支出量化考核标准；及时发现并解决公共财政预算支出过程中的问题，将评价结果作为预算安排的重要依据，提高资金使用效率。

8.2.3 优化职业教育成本分担补偿机制

促进“双创型”职业教育持续发展，应鼓励社会力量参与职业教育办学，形成多元办学的教育格局。学费负担是学生和家庭的一项重要支出，应根据受益原则和支付能力原则，综合考虑地区与专业性质、职业教育需求与供给、家庭收入水平等情况制定“双创型”职业教育学费标准。实行弹性学费制度，对中西部等部分教育水平相对落后地区，对面向社区居民的家政服务、养老服务、中医药健康服务、托育托幼等紧缺领域的专业以及家庭困难的职业教育学生，采取少收甚至不收学费的弹性学费政策。

提高民办教育地位，依法落实对民办教育的财税政策优惠。拓展多渠道筹资模式，强化政府部门与社会资本合作，探索 PPP 模式在“双创型”职业教育领域的应用，投资建立创业孵化器等实训基地，减轻政府的财政负担，解决民办教育资金缺乏的困境，满足“双创型”职业教育教学的发展和扩张需要。

8.2.4 提高职业教育财政资金投入力度

促进“双创型”职业教育蓬勃发展，应增加对职业教育的资金投入，提高国家财政性教育经费占 GDP 比重至国际平均水平 4.5% 以上。增加职业教育的经费比例，提高职业教育经费占财政性教育经费的比重至与普通教育相同。增加职业教育的专项投入，提高职业教育实训基地建设经费份额，尤其应增加中央财政对经济落后地区基本建设费用投入，提高生均财政拨款，扩大经济落后地区实训基地，改善经济落后地区办学条件。完善现行职业教育学生资助政策，在现有助学体系基础上增加“双创型职业教育奖学金”，鼓励更多学生参与创新创业技能大赛，提升职业技能水平。扩大职业教育助学金覆盖范围，不仅吸引更多优质生源，而且支持贫困家庭学生接受职业教育，全面提升职业教育办学水平。

参考文献

[1] 安静．网络环境下的移动学习模式——评《移动学习理论与实践》[J]．中国教育学刊，2019（07）：112.

[2] 曹剑辉，周合兵，罗一帆．大学生创新创业教育模式［J］．实验室研究与探索，2010，29（08）：195－198.

[3] 陈友力．改革开放四十年中国高等职业教育政策的变迁——历史、结构与动力［J］．教育学术月刊，2018（12）：12－21.

[4] 成刚．促进教育发展的税收优惠研究［J］．国家教育行政学院学报，2006（08）：56－59.

[5] 陈丽君，曾雯珍．企业参与职业教育办学的动力分析与政策建议［J］．职业技术教育，2020，41（13）：34－41.

[6] 陈明昆．中国职业教育改革与发展实践［M］．辽宁：教育出版社，2016.

[7] 蔡戈壁．开放大学“双师型”教师队伍建设的必然与实然［J］．江苏教育研究，2013（4）：11－13.

[8] 陈涛，巩阅瑄，蒲岳．探寻社会化意义：大学生在线教学交互及其对学习效果的影响——基于334所高校在线教学的调查［J］．高等教育研究，2020，41（06）：72－81.

[9] 程月．基于“互联网＋教育”模式的独立学院教学信息化平台建设研究［J］．无锡职业技术学院学报，2019，18（03）：21－25，32.

[10] 陈共．财政学（第九版）［M］．北京：中国人民大学出版社，2017.

[11] 蔡文伯，杨丽雪．中国省域高等职业教育财政支出的差异与收敛性分析——基于2005—2015年面板数据［J］．教育学术月刊，2018(03)：3－11.

[12] 曹文，孟宁宁．财政支持中等职业教育发展的对策研究［J］．山东经济战略研究，2017（05)：59－62.

[13] 陈新．我国民办高等教育发展的财政与税收政策研究［J］．当代经济，2007（11)：44－46.

[14] 陈洪华．美国创新创业教育成功经验对我国高校的几点启示［J］．锦州医科大学学报（社会科学版），2018，16（03)：93－95.

[15] 储德银，韩一多，张同斌，何鹏飞．中国式分权与公共服务供给效率：线性抑或倒“U”［J］．经济学（季刊），2018，17（03)：1259－1288.

[16] 崔志坤，张燕．财政分权、转移支付和地方福利性财政支出效率［J］．财政研究，2017（05)：24－37.

[17] 陈硕．分税制改革、地方财政自主权与公共品供给［J］．经济学（季刊），2010，9（04)：1427－1446.

[18] 陈诗一，张军．中国地方政府财政支出效率研究：1978—2005［J］．中国社会科学，2008（04)：65－78，206.

[19] 蔡文伯，杨丽雪．中国省域高等职业教育财政支出的差异与收敛性分析——基于2005—2015年面板数据［J］．教育学术月刊，2018(03)：3－11.

[20] 陈硕．分税制改革、地方财政自主权与公共品供给［J］．经济学（季刊），2010，9（04)：1427－1446.

[21] 陈志勇，张超．财政分权对我国地方政府教育支出的影响研究——基于省级面板数据的实证分析［J］．教育与经济，2012（04)：

6－10.

［22］戴罗仙，刘运佳．高等教育税收政策国际比较及其启示［J］．长沙理工大学学报（社会科学版），2011，26（01）：42－46.

［23］大卫·李嘉图．政治经济学及赋税原理［M］．北京：商务印书馆，1962.

［24］段庆锋．我国“985工程”高校科研绩效的影响因素——基于DEA－Malmquist的实证研究［J］．大连理工大学学报（社会科学版），2013，34（03）：114－119.

［25］冯光娣，陈珮珮，田金方．基于DEA－Malmquist方法的中国高校科研效率分析——来自30个省际面板数据的经验研究［J］．现代财经（天津财经大学学报），2012，32（09）：61－73.

［26］樊熙梦，徐俊杰．美国、英国、日本高校创新创业教育现状［J］．吉林医药学院学报，2019，40（06）：434－435.

［27］傅勇．财政分权、政府治理与非经济性公共物品供给［J］．经济研究，2010，45（08）：4－15，65.

［28］辜胜阻，吴华君，曹冬梅．新人口红利与职业教育转型［J］．财政研究，2017（09）：47－58.

［29］高书国．新一轮高等教育结构调整特征与对策分析——高等教育普及化时代的战略准备［J］．高校教育管理，2017，11（05）：13－21.

［30］高娟，马陆亭．OECD国家高职教育经费来源的典型模式：特征与成因［J］．比较教育研究，2018，40（10）：106－112.

［31］高涓，乔桂明．创新创业财政引导政策绩效评价——基于地方众创空间的实证检验［J］．财经问题研究，2019（03）：75－82.

［32］郭月梅，陈远燕．我国高等教育捐赠的税收激励机制探讨［J］．税务研究，2009（10）：92－96.

［33］郭庆旺，刘志耘．财政理论与政策［M］．北京：经济科学出

版社，2002.

[34] 国家开放大学．学校概况．http：//www. ouchn. edu. cn/Portal/Category/CategoryList. aspx？CategoryId = 924df1f7 - 0cbb - 414f - 9abb - 257ba7c97f50.

[35] 耿俊．混合学习模式在远程教育和教学改革的实施探索 [J] 新教育时代（电子杂志），2015（11）：193.

[36] 郭婧，李小龙．“互联网 + 教育”管理模式的应用研究 [J]. 南京理工大学学报（社会科学版），2018，31（05）：61 - 65.

[37] 关玉红，刘宇彤．现代远程开放教育“一网双向人性化”教学模式初探 [J]. 职业时空，2008（08）：146.

[38] 高媛柯．财政教育支出政策的经济分析 [D]. 东北财经大学，2018.

[39] 郭彬．我国教育财政支出现状分析及政策调整 [J]. 科技与创新，2017（07）：101 - 102.

[40] 龚锋，卢洪友．公共支出结构、偏好匹配与财政分权 [J]. 管理世界，2009（01）：10 - 21.

[41] 高波，范馨，王英杰．快速城镇化背景下中国公共教育供给之殇：一个财政分权视角 [J]. 郑州大学学报（哲学社会科学版），2015，48（04）：76 - 82.

[42] 和学新，武博．我国人口变动对职业教育发展的影响及其政策探讨 [J]. 西南大学学报（社会科学版），2018，44（06）：37 - 44，189.

[43] 杭永宝．中国教育对经济增长贡献率分类测算及其相关分析 [J]. 教育研究，2007（02）：38 - 47.

[44] 郝天聪，石伟平．产业结构转型与职业教育办学模式改革——基于对美国、德国、日本、中国的比较分析 [J]. 现代教育管理，2020（08）：122 - 128.

[45] 郝琳琳，翟帅．促进高等教育发展的税收制度现状及其完善[J]．中央财经大学学报，2012（10）：6－11.

[46] 胡卫，张歆，方建锋．营利非营利分类管理下民办学校税收问题与建议［J］．复旦教育论坛，2020，18（04）：79－84.

[47] 黄荣怀，刘德建，刘晓琳，徐晶晶．互联网促进教育变革的基本格局［J］．中国电化教育，2017（01）：7－16.

[48] 何宗樾，宋旭光．教育普及攻坚：个体决策机制与公共财政影响［J］．财经问题研究，2020（01）：72－83.

[49] 韩凤芹，王胜华，张宇暄．中国职业教育财政发展七十年演变与启示［J］．地方财政研究，2019（10）：33－44.

[50] 郝杰，吴爱华，侯永峰．美国创新创业教育体系的建设与启示［J］．高等工程教育研究，2016（02）：7－12.

[51] 蒋红星，代洪彬，肖宗娜．国内混合式学习的文献计量和知识图谱分析——基于 CNKI 2003—2016 年数据［J］．广西师范大学学报（哲学社会科学版），2016，52（05）：43－53.

[52] 贾建宇．职业教育产教融合财政政策的国际借鉴研究［J］．职业技术教育，2019，40（27）：27－31.

[53] 姜大源．完善职业教育和培训体系：现状、愿景与当务［J］．中国职业技术教育，2017（34）：25－34.

[54] 姜大源．现代职业教育体系构建的理性追问［J］．教育研究，2011，32（11）：70－75.

[55] 姜彤彤．我国各省高校人文社科科研效率评价及区域差异研究［J］．科技管理研究，2014，34（15）：92－96，123.

[56] 李世佼．大学生创新创业教育体系的构建［J］．黑龙江高教研究，2011（09）：119－121.

[57] 李家华，卢旭东．把创新创业教育融入高校人才培养体系［J］．中国高等教育，2010（12）：9－11.

[58] 刘晓，钱鉴楠．职业教育专业建设与产业发展：匹配逻辑与理论框架 [J]．高等工程教育研究，2020 (02)：142－147.

[59] 李兴洲．我国高等职业教育投入探析 [J]．教育研究，2012，33 (02)：49－52.

[60] 罗淑琴．以创新创业为导向改革房地产税税制初探 [J]．税务研究，2018 (02)：48－52.

[61] 李华琴，罗英．基于大众创业万众创新制度设计研究 [J]．科学管理研究，2015，33 (06)：16－19.

[62] 李虔．民办学校分类管理推进难点与破解路径 [J]．四川师范大学学报（社会科学版），2019，46 (02)：125－132.

[63] 李虔．完善非营利性民办高校监管机制 [J]．中国高等教育，2019 (23)：49－51.

[64] 梁功平，刘方．促进教育发展的财税政策研究 [J]．财政研究，2013 (02)：64－66.

[65] 刘利利，刘洪愧．个人所得税改革与家庭教育支出——兼论教育负担与教育差距 [J]．经济科学，2020 (01)：100－112.

[66] 李祥云，马妮娜．完善我国高等教育税收优惠政策的探讨 [J]．税务研究，2009 (11)：96.

[67] 林永春，李慧．激励企业参与职业教育的税收政策研究 [J]．职教论坛，2011 (33)：23－24.

[68] 李司东．促进社会教育投入的税收优惠政策分析 [J]．经济与社会发展，2013，11 (05)：46－48.

[69] 刘智刚．供给侧改革视角下开放大学体系建设的思考 [J]．中国远程教育，2017 (07)：54－59.

[70] 梁紫荃．我国教育财政支出的现状与建议 [J]．现代经济信息，2018 (02)：7，9.

[71] 李振宇，王骏．中央与地方教育财政事权与支出责任的划分

研究［J］．清华大学教育研究，2017，38（05）：35－43．

［72］厉成龙，杨强，厉建刚．高职教育推行“学分银行”模式的透视与反思［J］．教育现代化，2019，6（52）：280－281．

［73］李政，任航．中国区域创新效率比较与提升路径——基于创新型创业活动视角［J］．黑龙江社会科学，2014（04）：61－65＋2．

［74］卢栎．关于高职创新创业教育融入专业教育相关问题的思考［J］．祖国，2019（1）：209－210．

［75］刘芳宇．美国、韩国和德国高校创新创业教育的经验与启示［J］．科教导刊，2019（29）：13－14．

［76］陆根书．我国主要高校科研效率评价研究［A］．中国教育学会教育经济学分会．2004年中国教育经济学学术年会论文（二）［C］．中国教育学会教育经济学分会：中国教育学会教育经济学分会，2004：1．

［77］李成宇，史桂芬，聂丽．中国式财政分权与公共教育支出——基于空间面板模型的实证研究［J］．教育与经济，2014（03）：8－15．

［78］李鼎，赵文哲．财政分权与公共教育投入的研究［J］．经济社会体制比较，2013（04）：207－213．

［79］马永斌，柏喆．创新创业教育课程生态系统的构建途径——基于清华大学创业教育的案例分析［J］．高等工程教育研究，2016（05）：137－140，150．

［80］米红，马鹏媛．厦门市人口结构与职业教育发展空间的实证研究［J］．理工高教研究，2009，28（01）：137－140．

［81］马建富，周如俊，潘玉山，张胜军，杨海华，吕莉敏，陈春霞．职业教育专业结构与产业结构吻合度研究——以江苏省为例［J］．职业技术教育，2017，38（15）：38－44．

［82］马燕．发展本科层次职业教育：动因、问题与出路［J］．中国职业技术教育，2014（20）：14－18．

[83] 马兆瑞，李文强．完善税收激励机制，促进企业参与职业教育［J］．天津师范大学学报（社会科学版），2011（02）：57－61.

[84] 潘念萍．高职院校教育成本分析与控制［J］．中国职业技术教育，2017（04）：62－65.

[85] 潘健，宗晓华．基于数据包络分析的大学科研效率评价指标体系研究［J］．清华大学教育研究，2016，37（05）：101－110.

[86] 平新乔，白洁．中国财政分权与地方公共品的供给［J］．财贸经济，2006（02）：49－55，97.

[87] 祁占勇，王志远．经济发展与职业教育的耦合关系及其协同路径［J］．教育研究，2020，41（03）：106－115.

[88] 祁占勇，王佳昕，安莹莹．我国职业教育政策的变迁逻辑与未来走向［J］．华东师范大学学报（教育科学版），2018，36（01）：104－111，164.

[89] 乔娜．新加坡创新创业教育体系的建设与启示［J］．世界教育信息，2019，32（01）：39－45，53.

[90] 邱泠坪，郭明顺，张艳，张默．基于 DEA 和 Malmquist 的高等农业院校科研效率评价［J］．现代教育管理，2017（02）：50－55.

[91] 任艳红，王振龙．省域人口与教育发展目标预测分析——以陕西省为例［J］．教育研究，2011，32（04）：24－29.

[92] 冉云芳．中等职业教育生均经费投入现状分析与对策——基于 2000—2010 年数据的实证研究［J］．教育发展研究，2013，33（01）：60－66.

[93] 任强．完善我国教育投入税收政策的建议［J］．税务研究，2010（06）：60－63.

[94] 苏丽锋．职业教育发展对产业结构升级的支撑作用分析［J］．高等工程教育研究，2017（03）：192－196.

[95] 石来斌，夏新燕．我国职业教育人力资本与产业结构优化升

级关系的实证分析 [J]. 教育学术月刊, 2016 (11): 75-80.

[96] 石晨曦. 新个人税收政策、家庭教育支出与商业养老保险参保意愿 [J]. 当代经济管理, 2019, 41 (10): 91-97.

[97] 孙田琳子, 张舒予, 沈书生. SOHO 式学习: "互联网 +" 时代下的学习新形态 [J]. 中国电化教育, 2017 (02): 13-19.

[98] 上海开放大学开放教育国际研究院课题组, 俞朱华, 王一兵. 中国特色开放大学体系的建立和发展研究报告 [J]. 开放教育研究, 2014, 20 (06): 10-22.

[99] 商兰芳. 高职教育财政管理: 问题与对策 [J]. 教育发展研究, 2014, 34 (17): 12-18.

[100] 梁功平, 刘方. 促进教育发展的财税政策研究 [J]. 财政研究, 2013 (02): 64-66.

[101] 沈芳. 对高校创新创业教育本质内涵的再认识 [J]. 当代经济, 2017 (26): 108-109.

[102] 水梅, 张昊宇, 詹碧华, 谷桂菊, 刘俊峰, 张慧英, 金英子, 李力力, 孙涛. 美国创新创业教育课程建设研究 [J]. 经济研究导刊, 2015 (06): 252-253.

[103] 孙世敏, 项华录, 兰博. 基于 DEA 的我国地区高校科研投入产出效率分析 [J]. 科学学与科学技术管理, 2007 (07): 18-21.

[104] 孙玉环, 季晓旭. 教育投入对中国经济增长作用的区域差异分析——基于多指标面板数据聚类结果 [J]. 地理研究, 2014, 33 (06): 1129-1139.

[105] 史桂芬, 刘欢, 王佳. 中国式财政分权对公共教育支出影响的实证分析——基于非线性面板门槛模型的回归 [J]. 教育科学, 2016, 32 (05): 11-15.

[106] 唐超. 未来人口变化对中等职业教育生源影响及应对策略 [J]. 亚太教育, 2015 (10): 165.

[107] 汤杰，石伟平．我国职业教育办学现状：国家治理的分析框架与实证［J］．职业技术教育，2019，40（18）：42－47.

[108] 田志磊，赵晓堃，张东辉．改革开放四十年职业教育财政回顾与展望［J］．教育经济评论，2018，3（06）：73－91.

[109] 田东平，苗玉凤．基于DEA的我国高校科研效率评价［J］．理工高教研究，2005（04）：6－8.

[110] 谭之博，周黎安，赵岳．省管县改革、财政分权与民生——基于“倍差法”的估计［J］．经济学（季刊），2015，14（03）：1093－1114.

[111] 吴远征，李璐璐，董玉婷．大学生创新创业的综述——研究、政策与发展［J］．中国林业教育，2015，33（06）：1－7.

[112] 王叶军，周京奎．高等教育、中等职业教育与城市经济增长——基于动态分布滞后模型的实证研究［J］．西北人口，2019，40（02）：49－58. DOI：10.15884/j.cnki.issn.1007－0672.2019.02.005.

[113] 王磊．职业教育对经济增长贡献研究——基于省际面板数据的实证研究［J］．中央财经大学学报，2011（08）：80－85.

[114] 王伟，陈祥碧．我国职业教育与产业结构调整适应性研究——基于教师和学生视角［J］．职业技术教育，2016，37（25）：28－33.

[115] 王亚男，元静，胡咏梅．“十四五”期间优化教育经费投入结构研究［J］．教育经济评论，2020，5（05）：3－23.

[116] 王辉晖，田雪莹．高等职业教育经费投入的地区差异现状及成因研究［J］．职业技术教育，2017，38（33）：52－55.

[117] 汪栋，蒋劭杰，黄斌．我国教育税收管理制度改革的路径选择［J］．税务研究，2017（03）：115－120.

[118] 吴华，王习．营利性民办学校应该享受税收优惠［J］．中国教育学刊，2017（03）：14－18.

[119] 吴芝红．基于促进职业教育发展下税收优惠政策的探讨

[J]. 教育财会研究，2015，26（06）：68－71.

［120］王国鹏，李晶．创新创业教育财税政策研究［J］．宏观经济研究，2019（02）：69－77.

［121］王国鹏．“1233”工程助推终身学习教育体系构建［N］．中国教育报，2020－06－30（09）.

［122］王国鹏．后疫情时代开放教育供给侧改革的危机与新机［J］．广播电视大学学报（哲学社会科学版），2021（01）：94－99. DOI：10.16161/j.issn.1008－0597.2021.01.016.

［123］王国鹏，王春．促进“双创型”职业教育发展的财政政策研究［J］．宏观经济研究，2020（08）：146－155. DOI：10.16304/j.cnki.11－3952/f.2020.08.013.

［124］王国鹏．“互联网＋开放教育”的发展前景及实践应用［J］．重庆广播电视大学学报，2020，32（03）：9－15.

［125］王国鹏．“双创型”职业教育模式的国际借鉴与发展路径［J］．高等工程教育研究，2020（02）：154－158，189.

［126］万新娜．“互联网＋课堂”的多维教学模式研究［J］．广西师范学院学报（哲学社会科学版），2018，39（04）：133－137.

［127］王善迈．公共财政框架下公共教育财政制度研究［M］．北京，经济科学出版社，2012.

［128］吴丽娜．职业教育财政事权与支出责任分析［J］．现代营销（经营版），2019（04）：178.

［129］吴华溢．中国式财政分权增加高等职业教育投入了吗？——基于31个省际面板数据的分析［J］．高教探索，2018（06）：36－44.

［130］王雪云．教育财政事权与支出责任划分问题探讨［J］．河南财政税务高等专科学校学报，2017，31（06）：1－8.

［131］王蓉，杨建芳．中国地方政府教育财政支出行为实证研究［J］．北京大学学报（哲学社会科学版），2008（04）：128－137.

[132] 吴华溢．中国式财政分权增加高等职业教育投入了吗？——基于31个省际面板数据的分析 [J]．高教探索，2018 (06)：36－44.

[133] 王凤羽，冉陆荣，蔡慧颖．农村职业教育财政投入最优结构：理论分析与实证测度 [J]．农业经济问题，2017，38 (12)：55－61，111.

[134] 王伟，孙芳城．职业教育规模和质量：哪个对经济增长影响更大？[J]．教育与经济，2017 (06)：68－75.

[135] 王磊．职业教育对经济增长贡献研究——基于省际面板数据的实证研究 [J]．中央财经大学学报，2011 (08)：80－85.

[136] 王斋．德国博世公司企业文化 [J]．石油政工研究，2014 (06)：86.

[137] 王敬华，赵清华．德国政府促进创新创业的主要政策和举措 [J]．全球科技经济瞭望，2016 (7)：15－21.

[138] 徐莉亚．职业教育专业设置与产业结构适应性分析 [J]．教育与职业，2016 (03)：5－8.

[139] 解福泉，刘向杰．高等职业教育财政投入优化研究 [J]．中国职业技术教育，2018 (27)：19－25.

[140] 肖昊．教育经济学 [M]．武汉：武汉大学出版社，2010.

[141] 徐娟．我国各省高校科研投入产出相对效率评价研究——基于数据包络分析方法 [J]．清华大学教育研究，2009，30 (02)：76－80.

[142] 许玲．我国高等职业教育规模与经济增长关系的实证研究——基于1992—2010年的数据分析 [J]．高教探索，2013 (05)：135－138.

[143] 许世建，饶玉婕．公共财政下中等职业教育区域投入公平性研究——基于省级面板数据的实证分析 [J]．财政研究，2012 (08)：54－58.

[144] 闫妍，张学英．德、美、日职业教育匹配产业结构演进及对

我国的启示［J］. 教育与职业，2018（01）：78－84.

［145］杨龙军. 民办教育税收问题探讨［J］. 税务与经济（长春税务学院学报），2005（02）：17－20.

［146］杨志宏. 促进教育发展的税收政策取向［J］. 财会研究，2010（11）：15－17.

［147］亚当·斯密. 国民财富的性质和原因的研究［M］. 北京：商务印书馆，2003.

［148］杨孝堂. 以国际化带动开放教育现代化［J］. 国际教育交流，2020，（3）：4－9.

［149］姚继军，马林琳. "后4%时代"财政性教育投入总量与结构分析［J］. 教育发展研究，2016，36（05）：17－21，78.

［150］叶维. 美国创新创业教育课程组织的模式分析——以百森商学院、斯坦福大学、密苏里大学为例［J］. 重庆广播电视大学学报，2017，29（02）：30－36.

［151］杨树森. 关于高职院校创新创业教育工作的思考［J］. 宁夏教育，2018（4）：14－21.

［152］闫平，马璇璇，王海涛. 我国高校科研效率评价——基于DEA与Malmquist指数的分析［J］. 财会月刊，2016（32）：3－9.

［153］杨良松. 中国的财政分权与地方教育供给——省内分权与财政自主性的视角［J］. 公共行政评论，2013，6（02）：104－134，180－181.

［154］姚秋歌，孙金山，黄琨. 税收结构、政府支出与经济增长［J］. 上海经济研究，2020（03）：49－61.

［155］赵军，杨克岩. "互联网＋"环境下创新创业信息平台构建研究——以大学生创新创业教育为例［J］. 情报科学，2016，34（05）：59－63.

［156］朱德全，杨磊. 职业教育服务乡村振兴的贡献测度——基于

柯布—道格拉斯生产函数的测算分析［J］．教育研究，2021，42（06）：112－125.

［157］张传娜，张晓晖．人口变动对区域高等职业教育供给的影响及对策——基于对2020—2030年吉林省人口分布预测的分析［J］．职业技术教育，2021，42（11）：17－21.

［158］张明广，刘建同．建党百年：中国职业教育的建构、重构与再构［J］．中国职业技术教育，2021（21）：5－12.

［159］张其香．论大众创业、万众创新政策背景下中国创业教育的新格局［J］．新疆师范大学学报（哲学社会科学版），2017，38（03）：140－146.

［160］张克中，陶东杰．推动大众创业的税收政策探析［J］．税务研究，2015（12）：21－24.

［161］张苏，樊勇．税收政策与大学生创业意愿［J］．税务研究，2014（08）：40－45.

［162］张立彦，孙善学．促进企业参与职业教育的财税激励政策分析［J］．职业技术教育，2015，36（34）：19－23.

［163］张炜．美国营利性高校的发展变化与政策回顾［J］．中国高教研究，2020（04）：65－70.

［164］赵海益，史玉峰．我国个人公益性捐赠所得税优惠政策研究［J］．税务研究，2017（10）：44－47.

［165］赵正洲，程祥，丁燕祥．中国高等教育捐赠税收优惠制度的反思［J］．湖南农业大学学报（社会科学版），2017，18（03）：80－85.

［166］周波，张凯丽．促进慈善捐赠的企业所得税政策探析［J］．税务研究，2020（05）：49－55.

［167］赵谢秋，顾维彬，张淑英．“互联网＋教育”模式下Linux课程群建设与教学模式研究［J］．福建茶叶，2019，41（03）：214－215.

[168] 朱丽丽．基于大数据技术高校教育管理平台的研究［J］．当代教育实践与教学研究，2017（06）：56，55．

[169] 朱玉成．政府职能转变视角下的高等教育供给侧改革［J］．高等教育研究，2016，37（08）：16－21．

[170] 张绘．事权与支出责任划分国际经验及其借鉴——以职业教育为例［J］．地方财政研究，2018（01）：107－112．

[171] 郑华章．职业教育财政事权与支出责任探讨［J］．河南财政税务高等专科学校学报，2017，31（06）：9－13．

[172] 中国财政科学研究院《中央与地方间职业教育事权和支出责任划分》课题组，白景明，韩凤芹，史卫，张绘．中央与地方间职业教育事权和支出责任划分［J］．财政科学，2017（09）：68－80．

[173] 郑磊．财政分权、政府竞争与公共支出结构——政府教育支出比重的影响因素分析［J］．经济科学，2008（01）：28－40．

[174] 赵怡虹，李峰．中国基本公共服务地区差距影响因素分析——基于财政能力差异的视角［J］．山西财经大学学报，2009，31（08）：15－22．

[175] 赵红军，张盼．中国省级公共品供给效率及其区域差异分析［J］．华东经济管理，2018，32（05）：56－62．

[176] 赵永辉，付文林．转移支付、财力均等化与地区公共品供给［J］．财政研究，2017（05）：13－23．

[177] 朱德全，徐小容．职业教育与区域经济的联动逻辑和立体路径［J］．教育研究，2014，35（07）：45－53，68．

[178] 张男星，王纾，孙继红．我国高等教育综合发展水平评价及区域差异研究［J］．教育研究，2014，35（05）：28－36．

[179] 周亚虹，宗庆庆，陈曦明．财政分权体制下地市级政府教育支出的标尺竞争［J］．经济研究，2013，48（11）：127－139，160．

[180] 朱文玉，李汝敏．日本高校创新创业教育及对我国的启示

[J]. 教育探索，2018（04）：121－125.

[181] Amabile T. M. Creativity in context. Boulder, USA: Westview Press, 1996.

[182] Atchoarena D. & Delluc A. Revisiting Technical and Vocational Education in Sub－Saharan Africa: An Update on Trends, Innovations and Challenges, International Institute for Educational Planning (IIEP), 2002.

[183] Atchoarena D. & Esquieu P. Private Technical and Vocational Education in Sub－Saharan Africa: Provision Patterns, and Policy Issues, International Institute for Educational Planning (IIEP), 2002.

[184] Alagaraja M. & Kotamraju P. & Kim S. A conceptual framework for examining HRD and NHRD linkages and outcomes: review of TVET literature [J]. European Journal of Training and Development, 2014, 38 (4): 265－285.

[185] Baumol, W. J. (1993). Formal entrepreneurship theory in economics: Existence and bounds. Journal of Business Venturing, 1993, 8 (3): 197－210.

[186] Booth A. L. & Snower D. J. Acquiring Skills: Market Failures, Their Symptoms and Policy Responses [J]. Cambridge University Press, 1996.

[187] BMF, 2007, Austrian Tax Book 2007, Vienna: Federal Ministry of Finance.

[188] Barankay I. & Lockwood B. Decentralization and the Productive Efficiency of Government: Evidence from Swiss Cantons [J]. Journal of Public Economics, 2007, 91 (5—6): 1197－1218.

[189] Comyn P. & Barnaart A. TVET reform in Chongqing: big steps on a long march [J]. Research in Post－Compulsory Education, 2010, 15 (1): 49－65.

[190] Carayannis E. G. & Evans D. & Hanson M. Acroscultural learning strategy for entrepreneurship education: Out – line of key concepts and lesons learned from a comparative study of entrepreneurship students in France and the US [J]. Technovation, 2003, 23 (9): 757 –711.

[191] Ckhardt J. T. & Shane S. A. Opportunities and entrepreneurship [J]. Journal of Management, 2003, 29 (3): 333 –349.

[192] Cedefop. Using tax incentives to promote education and training [M]. Luxembourg: Office for Official Publications of the European Communities, 2009.

[193] Cai H. & Treisman D. Does Competition for Capital Discipline, 2005.

[194] Cerniglia F. & Longaretti R. Federalism, Education – Related Public Good and Growth When Agents Are Heterogeneous [J]. Journal of Economics, 2013, 109 (3): 271 –301.

[195] Del Granado F. J. A. & Martinez – Vazquez J. & McNab R. Fiscal Decentralization and the Functional Composition of Public Expenditures. International Studies Program, Andrew Young School of Policy Studies, Georgia State University, International Studies Program Working Paper Series, at AYSPS, GSU, 2005.

[196] Eckhardt J. T. & Shane S. A. Opportunities and entrepreneurship [J]. Journal of Management, 2003, 29 (3): 333 –349.

[197] Finch C. R. & Crunkilton J. R. Curriculum Development in Vocational and Technical Education: Planning, Content, and Implementation, Pearson, 1999.

[198] Faguet J. P. Does Decentralization Increase Government Responsiveness to Local Needs? Evidence from Bolivia [J]. Journal of Public Economics, 2004, 88 (3 –4): 867 –893.

[199] Faguet J. P. & Sanchez F. Decentralization's Effects on Educational Outcomes in Bolivia and Colombia [J]. World Development, 2008, 36 (7): 1294 - 1316.

[200] Gasskov V. Managing Vocational Training Systems: A Handbook for Senior Administrators, International Labour Organization, Geneva, 2000.

[201] Gattie D K, Kellam N K, Schramski J R, et al. Enginering education as a complex system [J]. European Journal of Enginering Education, 2011, 36 (6): 521 - 535.

[202] Governments? Decentralization, Globalization, and Public Policy. American Economic Review, 95 (3), pp. 817 - 830.

[203] Huber M. & Lechner M. & Strittmatter A. Direct and indirect effects of training vouchers for the unemployed [J]. Journal of the Royal Statistical Society: Series A (Statistics in Society), 2018, 181 (2): 441 - 463.

[204] Hayek F. A. The Use of Knowledge in Society. American Economic Review, XXXV (4): 519 - 530.

[205] Kuratko D. F. Entrepreneurship: Theory, proces, and practice [M]. Sydney, Australia: Thomson South - Western, 2012.

[206] Kalirajan K. & Otsuka K. Fiscal Decentralization and Development Outcomes in India: An Exploratory Analysis [J]. World Development, 2012, 40 (8): 1511 - 1521.

[207] Mundia L. The status of technical subjects in Papua New Guinea provincial high schools: a survey of attitudes [J]. Science, Technology and Development, 1998, 16 (2): 104 - 111.

[208] Muhammad Ali Asadullah & Aamir Zafar Ullah. Social - economic contribution of vocational education and training: an evidence from OECD countries [J]. Industrial and Commercial Training, 2018, 50 (4): 172 - 184.

[209] Maclean R. & Wilson D. International Handbook of Education for the Changing World of Work [J]. Bridging Academic and Vocational Learning, Vol. 1, Springer Science & Business Media.

[210] Maclean R. & Pavlova M. Skills development for employability (TVET) in higher education: issues and challenges [J]. Journal of Asian Public Policy, 2011, 4 (3): 321 -330.

[211] Nilsson A. Vocational education and training - an engine for economic growth and a vehicle for social inclusion? [J]. International Journal of Training and Development, 2010, 14 (4): 251 -272.

[212] OECD LEED. Forum on partnerships and local governance [M]. Handbook no. 5. 2011.

[213] OPM. Education in Finland: adult education and training [M]. Helsinki: Ministry of Education, 1999.

[214] Oates W. E. Fiscal Decentralization and Economic Development [J]. National Tax Journal, 1993, 46 (2): 237 -243.

[215] Park W. G. A theoretical model of government research and growth [J]. Journal of Economic Behavior & Organization, 1998, 34 (1): 69 -85.

[216] Rover D. T. New economy new enginer [J]. ASEE Journal of Enginering Education, 2005, 94: 427 -428.

[217] Schumpeter J. The theory of economic development [M]. Boston, USA: Harvard University Press, 1934.

[218] Schumpeter J. The theory of economic development [M]. Boston, USA: Harvard University Pres, 1934.

[219] Seabright P. Accountability and Decentralization in Government: An Incomplete Contracts Model [J]. European Economic Review, 1996, 40 (1): 61 -89.

[220] Susana Cordeiro Guerra & Carlos Xabel Lastra – Anadón. The quality – access tradeoff in decentralizing public services: Evidence from education in the OECD and Spain, Journal of Comparative Economics, 1996, 47 (2): 295 –316.

[221] Tiebout C. M. A Pure Theory of Local Expenditures [J]. The Journal of Political Economy, 1956, 64 (5): 416 –424.

[222] Vanevenhoven J. Advances and chalenges in entrepreneurship education [J]. Journal of Smal Busines Management, 2013, 51 (3): 466 – 470.

[223] Wilkins S. Human resource development through vocational education in the United Arab Emirates: the case of Dubai polytechnic [J]. Journal of Vocational Education & Training, 2002, 54 (1): 5 –26.

[224] Wilson K. Entrepreneurship education in Europe [M]. JONATHAN POTTER. Entrepreneurship and Higher Edu – cation. Paris: OECD Publishing, 2008.

[225] WKO. Training allowance and training premium [J]. Vienna: WKO – Austrian Federal Economic Chamber, 2006.

[226] WKO. Apprenticeship allowance and apprenticeship premium [J]. Vienna: WKO – Austrian Federal Economic Chamber, 2006.

[227] Wagner E. & Lassnigg L. Alternative approaches to individual training leave to combine work with personal and professional development: research report. Vienna: Institute for Advanced Studies, 2006.

[228] Yamada S. Perspectives on vocational education in Africa [J]. Journal of International Cooperation in Education, 2001, 4 (2): 87 –98.